02 박영규 선생님의 우리역사 넓게보기

조선 시대 왕실 사람들은 어떻게 살았을까?

그린이 **백명식**

강화에서 태어나 미술대학에서 서양화를 전공한 뒤, 좋은 어린이 책에 그림을 그리고 글을 쓰고 있습니다. 직접 쓰고 그린 책으로 《울 엄마 어렸을 적에》《김치네 식구들》《뭘까?》 등이 있고, 창작 그림책이 100여 권 있습니다. 그 외에 《책 읽는 도깨비》《책귀신 세종대왕》《똥덩이가 좋아요》《세상에서 가장 아름다운 아빠》《신라 1000년 동안 무슨 일이 있었을까》《백제 700년 동안 무슨 일이 있었을까》에 그림을 그리면서 활발하게 활동하고 있습니다.

02 박영규 선생님의 우리 역사 넓게 보기

조선 시대 왕실 사람들은 어떻게 살았을까?

1판 1쇄 인쇄 | 2009. 12. 10.
1판 7쇄 발행 | 2022. 5. 1.

박영규 글 | 백명식 그림

발행처 김영사 | **발행인** 고세규
등록번호 제 406-2003-036호 | **등록일자** 1979. 5. 17.
주소 경기도 파주시 문발로 197(우413-120)
전화 마케팅부 031-955-3100 | **편집부** 031-955-3113~20 | **팩스** 031-955-3111

ⓒ 2009 박영규·백명식
이 책의 저작권은 저자에게 있습니다.
저자와 출판사의 허락 없이 내용의 일부를 인용하거나 발췌하는 것을 금합니다.

값은 표지에 있습니다.
ISBN 978-89-349-3643-5 73900
ISBN 978-89-349-1949-0 (세트)

좋은 독자가 좋은 책을 만듭니다. 김영사는 독자 여러분의 의견에 항상 귀 기울이고 있습니다.
전자우편 book@gimmyoung.com | 홈페이지 www.gimmyoungjr.com

어린이제품 안전특별법에 의한 표시사항
제품명 도서   제조년월일 2022년 5월 1일   제조사명 (주)김영사   주소 10881 경기도 파주시 문발로 197
전화번호 031-955-3100   제조국명 대한민국   ⚠주의 책 모서리에 찍히거나 책장에 베이지 않게 조심하세요.

02 박영규 선생님의

조선 시대 왕실 사람들은 어떻게 살았을까?

조선 500년을 움직인 왕실 사람들의 숨은 이야기

박영규 글 | 백명식 그림

주니어김영사

이 책을 펴내며
조선 왕실의 진면목을 발견하길 바라며

　왕조 시대를 공부하기 위해서 가장 먼저 알아야 할 게 무엇일까요? 왕조 시대이니만큼 무엇보다도 왕실에 대해 아는 게 우선이겠지요?
　'왕실'이라는 말은 왕을 비롯해 왕대비, 왕비, 세자, 세자빈, 왕자, 공주, 옹주, 부마, 외척과 그들의 가족, 친척을 모두 포함하는 용어입니다. 이들은 모두 조선 시대의 특별한 계층이었기 때문에 생활도 특별할 수밖에 없었습니다. 하지만 우리는 이 사람들의 삶에 대해 세세히 알고 있지는 못합니다.
　예를 들어 왕이 어떻게 하루를 지내고, 어떤 일을 하며, 어떤 말을 쓰는지, 그리고 어떤 음식을 먹고, 무엇을 하며 여가를 즐기는지 아주 자세히 알지 못합니다. 왕도 사람이기에 고민도 많고 슬픔도 많을 텐데, 무엇 때문에 고민하고 무엇 때문에 슬퍼하는지도 잘 모르지요. 얼핏 생각하면 왕은 모든 것을 마음대로 할 수 있을 것 같지만, 왕도 왕실의 법도와 국가의 법에 따라 행동해야 하고, 생활에도 여러 가지 제약을 많이 받았습니다. 심지어 음식도 자기가 먹고 싶은 대로 먹을 수 없고, 나들이도 함부로 할 수 없으며, 울고 싶어도 마음대로 울지 못했습니다.
　왕뿐만 아니라 왕대비나 왕비도 마찬가지입니다. 궁궐이라는 거대한 집에서 살지만 마음대로 궁궐 바깥을 나가지도 못하고, 만나고 싶은 사람도 마음대로 만날 수 없는 갇힌 생활을 해야 합니다. 그런 의미에서 보자면 왕비의 삶도 고단하고 답답한 것이지요.

세자나 왕자의 삶도 생각보다는 쉽지 않았습니다. 세자는 왕위에 오를 때까지 정치적인 행동은 조금도 해서는 안 되고, 줄기차게 공부만 해야 했지요. 그 때문에 공부하기 싫어하는 세자는 왕이 되지 못하고 쫓겨나거나, 지나치게 공부만 해서 몸이 허약해 왕위에 오르지도 못하고 죽었습니다. 그렇지 않으면 심한 스트레스로 정신이 이상해지기도 했습니다.

세자가 아닌 다른 왕자들은 죽을 때까지 주변의 눈치를 살피며 행동을 조심하지 않으면 목숨을 잃기 쉬웠습니다. 왕자가 너무 뛰어나면 왕을 위협하는 존재로 여겨져 유배를 당하거나 죽음을 당하는 일도 많았고, 조용히 살고 있다가도 반역 무리들의 입에 자신의 이름이 오르내리면 역적으로 몰리기도 했으니까요.

공주나 옹주, 부마의 삶은 어떠했을까요? 그들도 정치적인 상황의 변화에 따라 유배되기도 하고, 노비 신세가 되기도 하고, 또 죽기도 했습니다. 특히 부마들은 관직에 나갈 수도 없었고, 늘 아내의 눈치를 보며 살아야 하는 불행한 존재였답니다. 흔히 왕비의 친정으로 대표되는 외척들의 삶도 불안하기는 매한가지였지요. 왕비가 왕의 사랑을 받고, 왕비의 아들이 세자가 되면 온갖 권력을 손에 쥐지만, 왕비가 아들을 얻지 못하거나 쫓겨나기라도 하면 끈 떨어진 갓 신세가 되었습니다. 거기다 정치적인 소용돌이에 따라 집안이 몰락하는 경우가 다반사였지요.

이렇듯 조선 시대에 왕실의 일원이 된다는 것은 반드시 부귀영화를 얻는 일만은 아니었습니다. 한 손에는 부와 권력을 쥐지만, 또 다른 한 손엔 불안과 두려움을 쥐고 살아야만 했으니까요.

이 책은 이런 왕실 사람들의 삶을 정리해 우리 친구들에게 그 진면목을 가르쳐 주고자 만들어졌습니다. 화려한 조선의 왕실 뒤에 어떤 이야기들이 숨어 있는지 안내해 줄 거예요. 부디 이 책이 조선의 왕실을 이해하는 데 좋은 길잡이가 되길 바랍니다.

2009년 12월 박영규

차 례

이 책을 펴내며 4

제1장 왕은 어떻게 살았을까?

'왕'이라는 명칭은 어떻게 해서 생겨났을까? 10
우리나라에서는 '왕'이라는 명칭을 언제부터 썼을까? 14
묘호와 시호, 존호는 어떻게 다를까? 16
조와 종은 어떻게 구분할까? 22
왕위는 어떻게 계승되었을까? 28
왕은 어떤 일들을 했을까? 36
왕의 생활 모습은 어떠했을까? 42
왕은 어떤 말을 썼을까? 49
왕은 어떤 옷을 입었을까? 52
왕의 장례는 어떻게 치렀을까? 56

제2장 왕비는 어떻게 살았을까?

왕비는 어떻게 뽑았을까? 66
왕비의 결혼식은 어떻게 치렀을까? 76
왕비의 임무와 권한은 무엇일까? 81
왕비의 생활 모습은 어떠했을까? 87

제3장 후궁은 어떻게 살았을까?

후궁 제도는 언제 생겼을까? 98
후궁은 출신에 따라 어떻게 나뉠까? 101
후궁은 어떻게 살다가 죽었을까? 109

조선 왕실의 비밀스런 사건
정종이 버린 두 아들 20 | 두 명의 며느리를 내쫓은 세종 32 | 사라진 공회빈의 시신 62
이이첨의 밀명으로 살해된 임해군 92 | 소명국의 음모에 억울하게 죽은 능창군 114
아들과 며느리, 손자를 죽인 인조 134 | 이재선 역모 사건 164 | 이준용 옹립 사건 176

제4장 세자는 어떻게 살았을까?

세자와 원자의 다른 점 **118**
세자 책봉식은 어떤 의미를 가졌을까? **121**
세자의 동궁 생활은 어떠했을까? **125**
세자궁에는 어떤 관청이 있었을까? **131**
왕위에 오르지 못한 세자들 **140**

제5장 왕자와 종친은 어떻게 살았을까?

왕자는 어떻게 살았을까? **156**
종친은 어떻게 살았을까? **160**
종친부와 종부시 **162**

제6장 공주와 옹주, 부마는 어떻게 살았을까?

공주와 옹주의 시집살이는 어떠했을까? **168**
부마는 어떻게 살았을까? **172**

제7장 외척은 어떻게 살았을까?

어떤 사람을 외척이라고 할까? **180**
조선 왕조를 주름잡은 외척들 **185**
왕의 처족들이 누린 혜택 **193**

부록
능 해설도 60 | 조선 왕족 무덤의 종류와 능 조성의 원칙 **196**
조선 왕조의 능, 원, 묘의 위치 **197**

제1장
왕은 어떻게 살았을까?

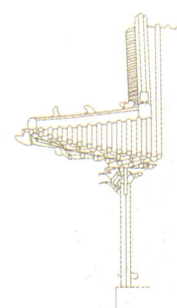

'왕'이라는 명칭은 어떻게 해서 생겨났을까?

　우리는 한 나라를 지배하는 우두머리를 '왕(王)'이라고 부릅니다. 그런데 '왕'이라는 명칭은 언제 어디서 처음으로 사용했으며, 언제 우리나라에 들어왔을까요? 사실, 우리는 '왕'이라는 명칭이 너무 익숙해 아무 생각 없이 사용해 왔지만, 원래는 우리나라 말이 아니었답니다.

　'王'이라는 명칭을 처음 사용한 나라는 중국의 나라들이었어요. 지금으로부터 5000년 전쯤에 중국은 수천 개의 작은 나라로 나뉘어 있었는데, 그 무렵에 '王'이라는 명칭이 처음 생겼습니다.

　옛날 중국에서는 들판에서 불을 피워 그 위에 양이나 소, 돼지 같은 희생물을 올려놓고 하늘에 제사를 지냈습니다. 그리고 그 제사를 지내던 제사장을 '王'이라고 했습니다. 제사장을 '王'이라고 썼던 이유는 불을 피우는 방법을 알면 쉽게 이해될 거예요.

　여러분도 알다시피 원시 시대엔 불을 얻는 방법이 크게 두 가지가 있었어요. 하나는 부싯돌을 맞부딪쳐 불꽃을 튀게 한 뒤, 그 불꽃에 잘 마른 부드러운 풀을 갖다 대는 방법이고, 다른 하나는 나무를 서로 비벼 마찰열을 내서 불을 얻는 방법이 있었지요. 이 중에서 '王'이라는 글자는 두 번째 방법, 즉 나무를 마찰해 불을 얻는 방법과 밀접하게 관련이 있었답니다.

그럼 나무를 어떻게 마찰시켜서 불을 얻었는지 자세히 살펴볼까요? 우선, 나뭇가지를 바닥에 수평으로 놓고, 그 위에 또 다른 나뭇가지를 세운 뒤 손으로 빠르게 비벼 마찰열을 일으킵니다. 그 모습을 간단하게 표현하면 'ㅗ'와 같은 모양이 되지요. 그리고 마찰열에 의해 연기가 피어오르고 불꽃이 일어나면 그 위에 잘 마른 풀의 줄기인 섶을 올리게 됩니다. 그 섶들의 모양을 간단하게 표현한 것이 'ㅡ'이지요. 즉, '王'이라는 글자는 불을 피우는 모습인 'ㅗ'와 불꽃 위에 섶을 올려놓은 '二' 모양을 본뜬 셈입니다.

이렇게 해서 제사를 지내던 제사장은 '王'이라고 하게 되었던 거예요.

이 외에 왕을 또 다르게 표현한 것으로 '主(주인 주)'라는 글자가 있습니다. 이 글자는 불길이 일어난 뒤에 공중으로 연기가 치솟는 모양을 본뜬 것입니다. 그래서 왕을 다른 말로 '주군(主君)'이라고 부르는 것이지요.

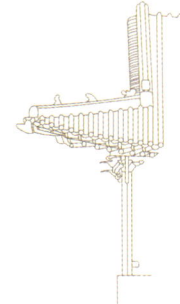

　어떤 학자는 '王'이라는 글자가 불을 피우기 위해 장작을 쌓아놓은 모양을 본떴다고 주장하기도 합니다. 어쨌든 '王'이라는 글자는 제사를 지내기 위해 불을 피우는 일을 주관했던 제사장을 가리켰다는 것은 틀림없었답니다.

　그런데 중국에서 공자가 널리 퍼뜨린 유학이 나라를 다스리는 중요한 사상이 되면서 '王'을 다르게 해석하기 시작했습니다.

　한나라의 대 유학자인 동중서는 《설문해자》라는 책에서 이렇게 말했습니다.

"王이라는 글자는 '三(석 삼)'과 'ㅣ(뚫을 곤)'이 결합된 글자다. 여기서 '三'이란 세상을 이루는 세 가지를 가리키는데, 바로 하늘과 땅과 사람이다. 그리고 'ㅣ'은 '관통하다'라는 뜻이다. 그러므로 이 둘을 결합해 보면, '王'은 하늘과 땅과 사람을 관통하여 서로 연결시키는 존재를 일컫는 것이다."

동중서 중국 전한 때의 대표적인 유학자이다.

　동중서가 말하는 하늘과 땅과 사람은 중국 사상에서 '천(天), 地(지), 人(인)'이라고 합니다. 그리고 이 세 가지가 우주를 이루는 근본이라고 하여 '삼재'(세 가지 재목)라고 부른답니다.

　동중서가 이렇게 말한 이후에, 사람들

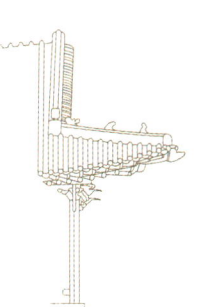

은 왕이란 하늘과 땅과 사람을 하나로 연결해 주는 고귀한 존재로 여기게 되었습니다.

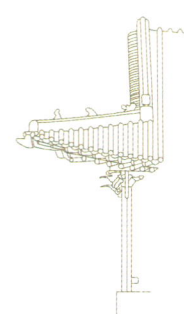

우리나라에서는 '왕'이라는 명칭을 언제부터 썼을까?

우리나라에서는 '왕'이라는 명칭을 쓰기 전에 다른 명칭들을 쓰고 있었는데, 그중 대표적인 것이 '임금'입니다. '임금'이라는 명칭은 고조선의 '단군왕검'이라는 명칭에서 처음 발견된답니다.

단군왕검은 단군에 왕검이 더해져서 만들어진 명칭입니다. '단군'은 몽고어의 '텡크리'와 통하는 말인데, 무당이나 제사장이라는 뜻이지요. 그리고 '왕검'은 정치적인 지배자를 뜻하는데 '임금' 또는 '을금'의 가차어로, 이 소리가 변해 '임금'으로 정착되었습니다.

신라 시대에는 임금을 '이사금'이라고 불렀다는 것은 다 알고 있지요? 이사금 말고도 신라에서는 왕을 '거서간, 차차웅, 마립간' 등으로 불렀고, 백제에서는 '건길지', 삼한에서는 '신지'라고 불렀습니다. 여기서 거서간이나 마립간에 공통으로 쓰인 '간(干)'은 우리가 잘 알고 있는 몽고의 징기스칸의 '칸'과 같은 뜻입니다. 그리고 그것은 영어의 '킹(King)'과 같은 뜻이에요.

그렇다면 고유한 명칭을 사용하고 있던 우리나라 사람들은 언제 '왕'이라는 명칭을 들여온 것일까요?

우리나라 역사에서 '왕'이라는 명칭을 처음 사용한 나라는 고조선입니다. 중국의 역사학자 진수라는 사람이 쓴 《삼국지》의 〈위지〉 동이전을 보면, 고조선의 우두머리가 스스로를 '왕'이라고 불렀다는 내용이 나오거든요. 이후에 '왕'이라는 명칭은 부여, 고구려, 백제, 신라, 가야 등으로 전파되었습니다. 부여는 고조선 지역에 세워진 나라였으므로 당연히 처음부터 '왕'이라는 명칭을 사용했고, 고구려 또한 건국 시조인 동명 성왕 때부터 '왕'이라는 명칭을 사용했습니다. 하지만 삼한이나 백제, 신라, 가야에서는 뒤늦게 '왕'이라는 명칭을 수입했답니다.

백제는 원래 '건길지'라는 명칭을 사용하다가 제5대 초고왕 무렵부터 '왕'이라는 명칭을 쓴 것으로 보이고, 신라는 제23대 법흥왕 때부터 '왕'이라는 명칭을 썼습니다. 하지만 가야는 언제부터 썼는지 정확하게 알 수 없지만, 아마도 신라와 비슷한 시기에 쓰기 시작했으리라고 짐작합니다.

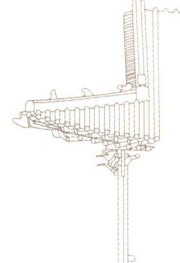

묘호와 시호, 존호는 어떻게 다를까?

조선의 임금들을 살펴보면 태조, 정종, 태종, 세종 등 이름이 모두 '조(祖)'와 '종(宗)'으로 끝나지요? 이런 명칭들을 '묘호'라고 해요. 즉, 임금이 죽은 뒤에 임금들의 위패를 모시는 사당인 종묘에 올리는 이름이랍니다. 말하자면 임금이 죽은 뒤에 종묘에서 불리는 이름이라고

종묘 정전
종묘는 조선 왕조에서 가장 중요하게 여긴 제례 공간이었다. 종묘 정전은 종묘의 중심을 이루는 곳으로, 19칸이 옆으로 길게 이어져 있어 우리나라 단일 건물 중 가장 긴 건물로 꼽힌다. 1395년 9월에 건축되었고, 현재 국보 제227호이다.

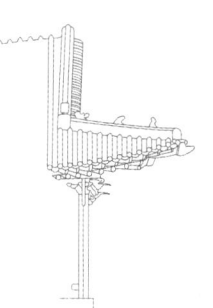

생각하면 돼요. 조선 왕조의 종묘는 지금도 남아 있지요? 바로 그곳에 올리는 이름이 묘호랍니다.

조선 왕들의 묘호는 중국에서 들여온 것입니다. 중국에서는 당나라 때부터 죽은 임금에게 이런 묘호를 붙였는데, 우리나라에서는 고려 시대에 처음 그 제도가 도입되어 사용되었습니다. 물론 고구려의 제6대 임금 태조가 있고, 신라에도 태종무열왕이 있긴 하지만, 대체로 삼국 시대엔 조와 종을 붙이는 제도가 없었다고 보면 될 거예요. 그렇다고 해서 삼국 시대에 종묘가 없었던 것은 아닙니다. 왕조 국가에서는 모두 궁궐 주변에 선대왕들의 위패를 모시는 곳이 있었으니까요. 그러니 삼국 시대에도 묘호가 있었겠지요?

그렇다면 여러분이 잘 알고 있는 고구려 광개토왕의 묘호는 무엇일까요? 광개토왕이 묘호일까요? 아닙니다. 광개토왕의 묘호는 '국강상'입니다. 아마 이 말은 여러분이 거의 처음 듣는 내용일 거예요. 그렇다면 왜 광개토왕의 묘호가 '국강상'인지 알아볼까요?

고구려의 왕 중에서 왕릉의 비석이 발견된 왕은 지금까지는 제19대 왕인 광개토왕뿐입니다. 광개토왕의 왕릉 비문에는 광개토왕의 정식 명칭이 이렇게 기록되어 있답니다.

'국강상광개토경평안호태왕'

생각보다 꽤 길죠? 하지만 조선 왕들의 정식 명칭 중에는 이것보다 더 긴 경우도 많았답니다. 여러분이 잘 알고 있는 세종 대왕의 정식

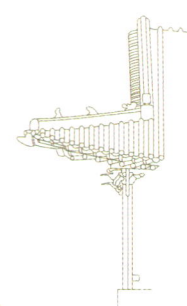

명칭은 다음과 같습니다.

'세종장헌영문예무인성명효태왕'

와, 외우기도 힘들지요? 자, 그렇다면 두 왕의 정식 명칭에서 묘호가 어디에 있는지 알아볼까요? 묘호는 정식 명칭의 가장 앞부분에 붙습니다. 그래서 광개토왕의 묘호는 '국강상'이고, 세종의 묘호는 '세종'입니다.

그럼 이번에는 광개토왕의 정식 명칭을 부분별로 나눠 볼게요.

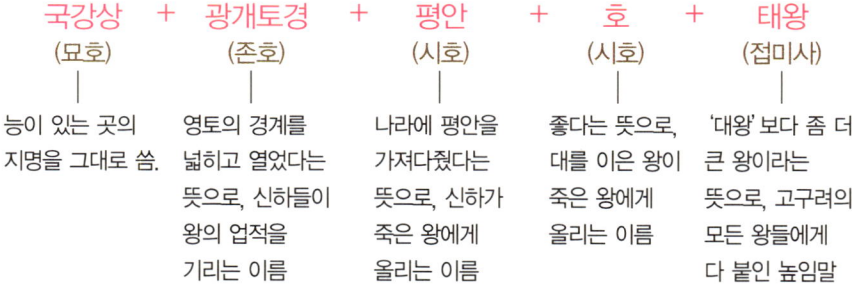

국강상	+	광개토경	+	평안	+	호	+	태왕
(묘호)		(존호)		(시호)		(시호)		(접미사)
능이 있는 곳의 지명을 그대로 씀.		영토의 경계를 넓히고 열었다는 뜻으로, 신하들이 왕의 업적을 기리는 이름		나라에 평안을 가져다줬다는 뜻으로, 신하가 죽은 왕에게 올리는 이름		좋다는 뜻으로, 대를 이은 왕이 죽은 왕에게 올리는 이름		'대왕'보다 좀 더 큰 왕이라는 뜻으로, 고구려의 모든 왕들에게 다 붙인 높임말

이 이름이 너무 길고 복잡하니까, 대개는 가장 앞부분만 부른답니다. 그래서 광개토왕의 경우엔 '국강상왕'이라고 부르는 것이 더 맞는 표현입니다. 하지만 《삼국사기》에서 '광개토왕'이라고 불렀기 때문에 습관이 되어서 그렇게 부르고 있는 것이지요.

자, 다음은 조선의 제4대 세종의 정식 명칭을 나눠 볼까요?

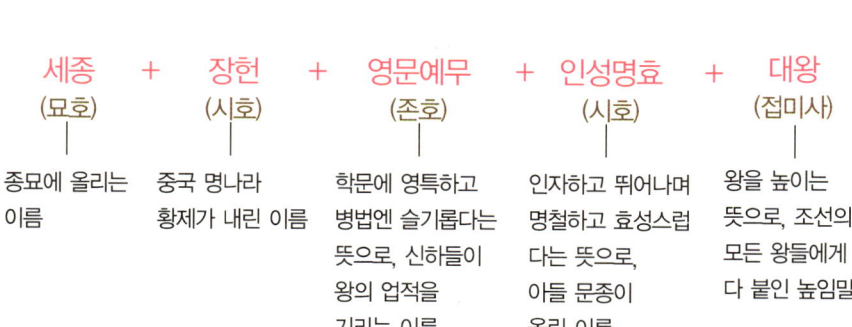

 이제 광개토왕과 세종의 정식 명칭이 이해가 됐나요? 그런데 어떤 사람은 조선의 왕들 중에서 세종만 '세종 대왕'이라고 부르는 줄 알아요. 하지만 모든 왕은 다 '대왕'으로 불렸습니다.

 그런데 정식 명칭을 살펴보면 '시호'와 '존호'라는 것도 나오는데 이것은 또 뭘까요? 시호는 왕이나 신하가 죽은 왕 또는 신하에게 올리는 이름인데, 대개 그 사람의 업적을 기리는 것입니다. 그리고 존호는 신하들이 왕의 업적을 기리기 위해 올리는 이름이고요.

 이제 묘호와 시호, 존호가 무엇인지 알겠지요?

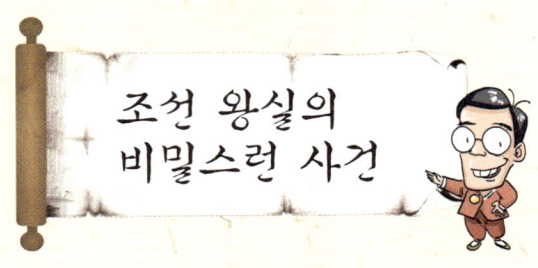

조선 왕실의 비밀스런 사건

정종이 버린 두 아들

제2대 정종에게는 《선원록》(조선 왕실의 족보)에 올라 있는 15명의 서자 외에도 불노와 지운이라는 아들이 더 있었습니다. 하지만 이들은 왕자로 살지 못했던 불행한 인물들이었지요.

왕위 다툼의 희생자 불노

불노는 가의궁주 유씨의 아들입니다. 가의궁주 유씨는 유분의 셋째 딸인데, 처음엔 고려 우왕이 믿고 의지하던 임견미의 사위 반복해에게 후실로 들어갔지요. 그러다 반복해가 아버지 임견미와 함께 죽자, 본부인에게서 아들을 얻지 못했던 이방과에게 시집을 갔습니다. 이후에 이방과가 왕위에 오르자, 유씨는 후궁이 되었습니다. 그녀는 이방원의 손위 동서인 조박의 친척이었는데, 조박은 외할머니의 손에 키워지고 있던 불노를 정종에게 데려온 인물이었지요. 조박이 불노를 정종에게 데려온 것은 왕위 계승자로 삼으려는 의도였습니다. 실제로 정종은 불노를 세자로 삼으려는 마음을 품었답니다. 하지만 이 사태는 왕위를 노리고 있던 이방원의 반발을 불러일으켰고, 방원의 그런 의도를 읽은 정종은 불노의 목숨을 지키기 위해 일부로 자신의 아들이 아니라고 주장했지요. 즉, 유씨가 시집올 때 이미 반복해의 아들을 임신하고 있었다고 했습니다. 그러나 다른 사람의 아이를 임신한 여자를 후실로 맞아들인다는 것은 있을 수 없었지요. 당시 사건의 상황을 따져 봐도 불노는 정종의 큰아들이 분명했습니다. 그럼에도 정종은 불노의 목숨을 살리기 위해 자신의 아들이 아니라고 해야 했지요.

결국 불노는 궁 밖으로 쫓겨나고 말았습니다.

그 후 태종이 왕위에 올랐는데, 불노는 자신이 상왕(정종)의 아들이라고 떠벌렸습니다. 이 일로 불노는 공주에 유배되었고 승려로 살다가 죽었답니다.

형장의 이슬로 사라진 지운

지운은 정종의 시녀였던 기매의 아들입니다. 기매는 정종의 시녀로 있다가 정종의 아이를 낳았는데, 그녀의 신분이 천한 탓에 후궁이 되지는 못했던 모양입니다. 이것을 야속하게 여긴 기매는 1417년 8월에 환관 정사징과 애정을 나누고 맙니다. 환관과 연애를 한다는 것은 상식적으로 납득할 수 없는 일이었지만, 정사징은 환관 중에서도 약간 특이한 사람이었던 모양입니다.

어쨌든 그 일은 정종에게 발각되었고, 정종은 곧 기매를 내쫓았습니다. 그리고 정사징은 도망갔다가 붙잡혀서 참수를 당했습니다. 하지만 기매는 정종의 아이를 낳았다고 하여 목숨만은 살려 주었지요.

그로부터 7년 뒤, 세종의 귀에 승려 '지운'이라는 사람이 스스로 정종의 아들이라고 한다는 소식이 들려왔습니다. 세종이 승려를 잡아들여 확인해 보니, 정말 기매의 아들이었습니다. 세종은 그를 측은하게 여겨 살려 주려고 했지만, 중신들은 그를 죽이라고 간언했지요. 세종 스스로 생각해도 그의 존재가 왕실을 부끄럽게 만든다고 생각했기에, 결국 사형에 처하고 말았습니다.

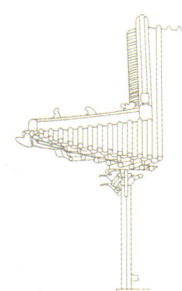

조와 종은 어떻게 구분할까?

 조선 왕들의 묘호를 보면 연산군과 광해군을 빼고 모두 '조'와 '종'으로 끝나지요? 그렇다면 '조'와 '종'의 차이는 무엇일까요? 그리고 왜 다르게 붙여졌을까요?

 우리나라는 고려 왕조 이후에 당나라와 송나라를 본받아 묘호에 '조'와 '종'을 붙였는데, 원래 '조'는 나라를 세운 사람, 즉 건국 시조에게만 붙였습니다. 그래서 고려 왕조에서는 건국 시조인 태조 왕건만 '조'가 붙은 묘호를 받았지요. 하지만 조선 왕조에서는 묘호가 매우 복잡했습니다. 세조, 선조, 인조, 영조, 정조, 순조 같은 왕들은 나라를 세우지도 않았는데 묘호에 '조'가 붙었고, 광해군과 연산군처럼 '군'이 붙은 왕이 있는 것만 봐도 알 수 있지요.

 그렇다면 나라를 세우지도 않은 왕의 묘호에 '조'를 붙인 이유는 무엇일까요? 언제부터 이런 전통이 생겼을까요?

 먼저, 나라를 세우지 않은 왕인데도 제일 처음으로 묘호에 '조'가 붙은 인물부터 알아볼까요?

나라를 세우지 않고도 '조'라는 묘호를 받은 최초의 인물은 원나라의 세조 쿠빌라이 황제였습니다. 쿠빌라이는 몽고의 다섯 번째 왕이었어요. 원래 몽고를 세운 사람은 여러분도 잘 알고 있는 징기스칸이었지요. 그런데 쿠빌라이는 몽고의 왕이 된 뒤에 영토를 크게 확장하여 국호를 '원(元)'으로 바꾸고 황제의 자리에 올랐습니다. 말하자면 나라를 크게 발전시키고 새로운 시대를 열었던 것이지요. 그래서 그의 업적을 높이 평가해 나라를 세운 시조의 업적에 버금간다고 판단해 묘호에 '조'를 붙여 '세조'라고 했던 거예요.

그래서 원나라 세조 이후에는 나라를 세우지 않았는데도 나라를 세우는 것에 버금가는 큰 업적을 남긴 왕의 묘호에 '조'를 붙이는 풍습이 생겼습니다. 나라를 위기에서 구했거나 엄청난 국가적 어려움을 슬기롭게 극복한 경우엔 그 업적을 기리는 의미에서 묘호에 '조'를 붙일 수 있게 된 것이지요. 하지만 실제로는 원나라 세조 이후의 그 어떤 황제에게도 묘호에 '조'를 붙인 경우는 없었답니다.

원나라가 망한 뒤에는 명나라가 일어섰는데, 명나라에서도 건국 시조가 아니면서 묘호에 '조'가 붙은 왕들이 있었습니다. 바로 제3대 황

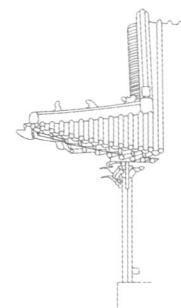

제 성조가 그렇습니다. 우리에게는 '영락제'로 더 잘 알려진 황제이지요. 그렇다면 왜 성조의 묘호에 '조'가 붙게 되었을까요?

그 이유를 설명할 테니 들어 보세요.

명나라는 '주원장'이라는 사람이 세웠는데, 주원장이 죽자 그의 아들 혜제가 황제의 자리를 이었습니다. 하지만 혜제는 힘이 없고, 지방의 우두머리로 있던 번왕들의 힘이 강했지요. 주원장은 왕자와 조카, 손자들을 지방의 우두머리로 보냈는데, 이렇게 지방의 우두머리로 간 왕족들을 '번왕'이라고 합니다. 번왕들 중에서도 지금의 북경 지역을 다스리고 있던 연왕의 세력이 아주 강했지요.

혜제는 번왕들의 힘이 강해지는 것에 두려움을 느껴 번왕제도를 없애고 지방에 관리를 파견하려고 했습니다. 그러자 권력을 빼앗길까 봐 염려한 연왕이 먼저 반란을 일으켜 혜제를 내쫓고 황제 자리를 차지했습니다. 그리고 황제가 된 성조는 많은 업적을 남기며 명나라의 힘을 크게 강화했지요. 이렇게 해서 그 업적을 높이 평가해 그의 묘호에 '조'를 붙이게 된 것입니다.

여기서 우리는 묘호에 '조'를 붙이는 또 다른 이유를 찾아낼 수 있답니다. 바로 반란을 일으켜 왕을 내쫓고 자신이 왕위를 차지한 왕에게도 묘호에 '조'를 붙인다는 사실이에요.

그렇다면 이제 묘호에 '조'를 붙이는 경우는 세 가지 중 하나라는 것을 알 수 있습니다. 첫째는 나라를 세운 건국 시조인 경우, 둘째는 나라를 크게 발전시켜 나라를 세운 것에 버금가는 업적을 세운 경우, 셋째는 이전의 왕을 내쫓고 자신이 왕위를 차지한 경우입니다.

그러면 이제 조선 왕조로 돌아와서 살펴볼까요?

조선은 중국의 어떤 나라보다도 왕의 묘호에 '조'를 많이 붙인 나라였습니다. 원나라와 명나라는 고작 1명씩밖에 없는데, 조선에는 무려 6명이나 있었으니까요. 그렇다면 조선의 왕들은 그만큼 업적이 많았던 것일까요? 아니면 반란으로 왕위에 오른 왕이 많았던 것일까요? 자, 이제부터 한 명씩 따져 보도록 할게요.

모두 알다시피 조선에서 나라를 세우지 않은 왕으로서 처음으로 묘호에 '조'가 붙은 왕은 세조이지요? 세조는 어린 단종을 내쫓고 왕위에 올랐습니다. 그러면 그 이유 때문에 묘호에 '조'가 붙은 것일까요?

아니에요. 우리는 세조가 단종을 내쫓았다고 알고 있지만, 형식적으로 보면 세조는 단종으로부터 왕위를 물려받은 것이랍니다. 비록 겁을 줘서 왕위를 물려받았지만, 어쨌든 물려받은 것이지요. 그래서 반란으로 왕위에 오른 것은 아니랍니다.

그의 묘호에 '조'를 붙인 사람은 바로 그의 아들과 손자인 예종과 성종, 그리고 그 당시의 힘 있는 신하들이었답니다. 예종과 성종 때의 힘 있는 신하는 한명회, 신숙주 같은 사람들이었는데, 모두 세조와 함께 단종을 내쫓았던 신하들이었지요. 이 사람들은 세조의 업적을 이렇게 평가했습니다.

세조대왕어진영 세조가 호랑이 가죽을 씌운 의자에 앉아 곤룡포를 입고 양손에는 홀을 쥐고 있는 모습이다.

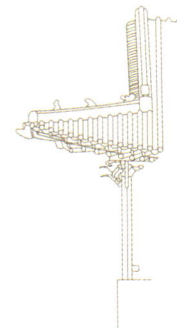

"김종서와 황보인 같은 권력 있는 신하들이 어린 왕(단종)을 손아귀에 넣고 나라를 마음대로 주물렀다. 그 때문에 나라가 혼란스럽고, 백성들은 고통스러워 했으며, 왕실은 사라질 위기에 처했다. 그래서 우리 세조께서 김종서와 황보인과 같은 간신들을 처단하고 나라를 바로 세우고 왕권을 되찾았으며, 백성들을 편안하게 만드셨다."

이것이 바로 세조의 묘호에 '조'가 붙게 된 이유랍니다. 나라가 간신들의 손에 망해 가는 것을 구해 내고, 다시 나라를 번창하게 만들었다는 주장이지요. 즉, 세조는 조선 왕조를 망국의 위기에서 구해 낸 업적 덕분에 그의 묘호에 '조'를 붙이게 되었다는 것입니다. 이것이 사실이든 아니든 간에 세조의 묘호는 그렇게 해서 탄생했고, 그 뒤로 바뀌지 않았습니다. 왜냐하면 세조의 후손들이 계속 왕위를 이어 갔기 때문에 바뀔 수가 없었던 것이지요.

세조 이후에 다시 '조'를 받은 왕은 누구일까요? 바로 선조입니다. 원래 선조의 묘호는 '선종'이었습니다. 그런데 그의 아들 광해군은 선조가 왜적의 침입을 막아 내 나라를 구했다고 생각했습니다. 그래서 묘호에 '조'를 붙여야 한다고 생각했지요. 그래서 '선조'로 바뀐 것입니다.

선조 다음에 묘호에 '조'가 붙은 왕은 인조입니다. 인조는 광해군을 내쫓고 왕위에 올랐는데, 이때 인조는 광해군이 동생과 형을 죽이고 어머니를 가둔 타락한 왕이라고 주장했습니다. 그래서 그런 못된 왕을 내쫓고 나라를 다시 세운 인조의 업적을 높이 평가해 묘호에 '조'

가 붙은 것입니다.

　그렇게 따지면 중종도 연산군을 내쫓고 나라를 수렁에서 구했는데, 왜 묘호에 '조'가 붙지 않았을까요? 사실, 연산군은 광해군보다 훨씬 나쁜 왕이었는데 말입니다. 그것은 인조와 중종이 왕위에 오르는 과정이 좀 달랐기 때문입니다.

　인조는 광해군을 쫓아내는 일에 직접 가담하여 스스로 왕위를 차지했습니다. 하지만 중종은, 박원종이 반란을 일으켜 연산군을 내쫓은 뒤에 신하들에 의해 추대되었습니다. 그러므로 중종은 직접 자신이 못된 왕을 쫓아낸 것이 아니었지요.

　자, 그리고 인조 다음에 묘호에 '조'가 붙은 왕은 누가 있을까요? 바로 영조, 정조, 순조 세 왕입니다. 그런데 영조와 정조는 원래 '영종'과 '정종'이라는 묘호를 받았는데, 나중에 고쳐진 것입니다. 두 왕의 묘호가 고쳐진 것은 고종 때였습니다. 고종은 스스로 황제가 되었는데, 이때 조상들을 높이기 위해 정조와 영조의 묘호에 '조'를 붙였습니다. 그리고 순조도 원래는 '순종'이었다가 서양 세력이 침입해 오는 것을 막아 내고 홍경래의 난을 진압한 업적이 크다고 하여 철종 때에 '순조'로 고쳐졌지요.

　이렇게 따져 보면 태조를 빼고 원래 묘호에 '조'가 붙은 사람은 세조와 인조뿐이었던 셈입니다. 그리고 연산군과 광해군은 조나 종을 받지 못하고 '군'으로 불렸는데, 왕위에서 쫓겨나 왕자 신분으로 떨어졌기 때문입니다.

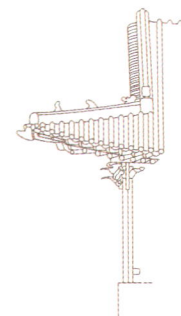

왕위는 어떻게 계승되었을까?

왕위는 원래 왕의 큰아들, 즉 장자가 잇도록 되어 있습니다. 그런데 조선의 왕들 중에서 장자가 왕위를 이은 경우는 얼마나 될까요? 조선의 왕은 모두 27명인데, 이 중에서 장자가 왕위를 이은 경우는 문종, 단종, 연산군, 인종, 현종, 숙종, 순종뿐입니다. 이 중에서도 순종은 정상적으로 왕위를 잇지도 않았지요. 그러니까 맏아들로서 정상적으로 왕위를 이은 왕은 6명뿐이고, 나머지는 모두 비정상적으로 왕위에 올랐습니다.

그렇다면 비정상적으로 왕위에 오른 21명의 왕들은 어떤 과정을 거쳐 왕위에 올랐을까요? 그 과정과 상황이 모두 똑같지 않기 때문에 아홉 가지로 나눠서 살펴볼게요.

첫 번째는 반정 또는 반란으로 왕위에 오른 경우입니다. 반란으로 즉위한 왕은 태종과 세조이고, 반정으로 즉위한 왕은 중종과 인조입니다. 반란은 그야말로 왕이 되고픈 욕심 때문에 군대를 일으킨 것을 뜻하고, 반정은 왕의 잘못된 정치로 나라가 혼란스럽게 된 것을 바로잡은 것이지요.

　두 번째는 반란 주동자가 찬탈(왕위를 빼앗는 것)의 오명을 쓰기 싫어서 잠시 왕위에 떠맡기는 바람에 할 수 없이 왕위를 맡는 경우입니다. 정종이 바로 그런 인물이었습니다. 반란은 태종이 일으켰지만, 반발을 무마하기 위한 시간을 벌기 위해 잠시 정종에게 왕위를 맡겨 뒀던 것이지요.

　세 번째는 적장자(왕비에게서 태어난 맏아들)인 세자가 급작스럽게 죽는 바람에, 적자 중에서 차자(둘째 아들)가 왕위에 오른 경우입니다. 예종은 세조의 적장자 의경세자가 갑자기 죽는 바람에 세자에 책봉되어 왕위에 올랐고, 효종도 소현세자가 의문의 죽음을 당하는 바람에 왕위에 올랐습니다.

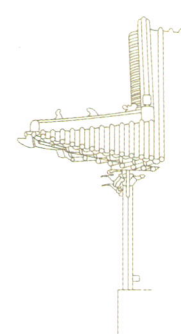

　네 번째는 적장자인 세자를 쫓아내고, 다른 적자(왕비의 아들)를 세운 경우입니다. 여기에 해당하는 왕이 세종입니다. 태종의 적장자는 양녕대군이었으나, 그의 행실과 자질에 문제가 있어 폐위되고 적자 중 셋째였던 충녕(세종)이 세자가 되어 왕위를 이었던 것입니다.

　다섯 번째는 전왕(앞 시대의 임금)이 살아 있는 가운데 공식적으로 왕위를 받은 경우입니다. 정종과 태종, 세종, 세조, 예종이 여기에 속하는데, 왕위를 받은 경위는 모두 다르지만 어쨌든 전왕이 살아 있는 상황에서 공식적으로 즉위했답니다. 정종에겐 '방원의 난'으로 힘을 잃은 태조가 눈물을 머금고 왕위를 내주었고, 정종은 태종에 대한 두려움 때문에 스스로 물러났으며, 태종은 세종의 제왕 수업을 위해 계획적으로 왕위를 넘겼습니다. 또 세조는 어린 단종을 압박해 왕위를 빼앗다시피 했고, 예종은 세조가 죽기 하루 전에 왕위를 넘겨받았습니다. 세조를 제외하고 이렇게 살아 있는 상태에서 왕위를 넘겨준 왕은 '상왕' 또는 '태상왕'이라고 불렸습니다.

　여섯 번째는 적자가 없어 서자(후궁의 아들)에게 왕위를 잇게 한 경우입니다. 광해군과 순조가 여기에 해당합니다.

　일곱 번째는 적자든 서자든 간에 아예 아들을 얻지 못해 왕족 중에서 한 명을 양자로 들이거나, 동생에게 왕위를 잇게 한 경우입니다. 여기에 해당하는 왕이 선조와 영조, 철종, 고종입니다.

　여덟 번째는 세자가 일찍 죽는 바람에 세손이 왕위를 잇는 경우인데, 성종과 정조, 헌종이 그랬습니다.

　아홉 번째는 다른 사람들의 뜻에 의해 왕이 밀려나고 세자가 왕위에 오르는 경우입니다. 조선의 마지막 왕 순종이 여기에 해당하는데, 일본이 강제로 고종을 퇴위시키고 순종을 즉위시켰답니다.

이런 과정을 거쳐 왕위에 오른 뒤에도 나이가 어린 탓에 섭정을 받은 경우도 여럿 있었는데, 예종과 성종, 선조, 명종, 순조, 헌종, 철종, 고종 등이 이에 해당합니다. 이들 중에서 예종과 철종은 즉위 당시 19세였기 때문에 충분히 친정(왕이 직접 정치를 하는 것)을 할 수 있는 나이였지만, 능력이 모자라 섭정(누군가 대신 정치를 하는 것)을 받았습니다.

하지만 어린 나이인데도 곧바로 친정을 한 왕도 있습니다. 대표적으로 숙종과 단종이 이에 해당합니다.

숙종은 즉위 당시 14세였지만 명민하고 학문이 뛰어나서 친정을 시작했습니다. 하지만 단종은 즉위 당시에 수렴청정(왕 옆에 발을 내리고 왕을 대신하여 왕권을 행사하는 것)을 해 줄 대비나 대왕대비가 없었기 때문에 어쩔 수 없이 12세의 어린 나이에 친정을 했답니다.

대개 섭정기에는 외척이나 권력 있는 신하의 횡포 때문에 조정이 혼란스럽게 마련입니다. 그런데 단종처럼 아예 섭정을 해 줄 사람이 없는 경우에는 더 심각한 상황에 빠져듭니다. 섭정을 해 줄 사람이 없었던 단종은 결국 숙부 세조에게 왕위를 빼앗기고 억울하게 죽음을 당해야 했으니까요. 또한 단종을 지지하던 김종서와 같은 신하들도 모두 살해되고 말았답니다.

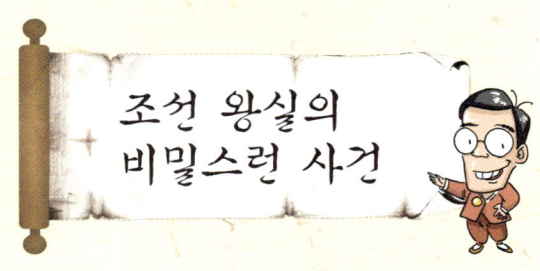

조선 왕실의 비밀스런 사건

두 명의 며느리를 내쫓은 세종

제4대 세종은 성군으로 알려졌지만 집안 문제에는 매우 까다롭고 빈틈이 없었던 왕이었지요. 대표적인 예로 두 명의 세자빈을 내쫓은 일을 꼽을 수 있답니다.

비록 세자빈들이 나쁜 행실 때문에 쫓겨나긴 했지만, 세자가 아내를 맞이하고도 거들떠보지 않았기 때문에, 세자빈들이 세자의 사랑을 얻기 위해 엉뚱한 짓을 일삼았던 것이지요.

휘빈 김씨 폐빈 사건

세종은 1427년(재위 9년)에 세자 향을 장가보냈는데, 세자빈으로 간택된 사람은 돈령부 판사 김구덕의 손녀이자 김오문의 딸이었습니다. 김씨는 그해 4월에 세자빈에 책봉되었고, '휘빈'의 작호(직과 작위에 붙는 칭호)를 받았습니다. 그래서 그녀의 할아버지 김구덕이 이듬해 4월 3일에 죽었을 때에도 김씨는 세자빈의 신분으로 장례에 참여했고, 세자 향도 조문했습니다.

그러나 김씨의 동궁 생활은 오래가지 못하고 동궁에 들어온 지 2년 3개월 만인 1429년 7월 18일에 사가로 내쫓기고 맙니다.

세종은 휘빈을 폐한 다음 날 7월 19일에 폐빈한 사실을 종묘에 아뢰도록 했습니다. 그리고 세자빈이 덕을 잃어 세자의 배필이 될 수 없기 때문에 폐빈을 했다고 밝혔지요.

갑작스런 폐빈 소식에 조정 대신들이 의아해 하자, 다음 날인 7월 20일에 세종이 직접 그 이유를 밝혔습니다.

"내가 전년에 세자를 책봉하고, 김씨를 여러 대에 걸쳐 명성과 덕이 많은 집안의 딸이라고 하여 세자빈으로 간택했다. 그런데 뜻밖에도 김씨가 세자에게 곱게 보이려고 사람을 미혹하는 술법을 쓴 일이 발각되었다."

비록 가례는 올렸지만 세자는 휘빈에게 별 관심을 보이지 않았어요. 그래서 휘빈은 술법을 써서 세자의 사랑을 얻으려고 했던 것이었지요. 휘빈이 사용한 술책은 시녀 호초를 통해 알게 된 것이라고 하자, 세종은 호초를 심문했습니다.

"네가 휘빈에게 술책을 알려 줬다고 하는데, 사실이냐?"

세종이 다그치자, 호초가 대답했습니다.

"작년 겨울에 주빈(자신의 주인인 빈궁)께서 남자에게 사랑 받는 술법을 아느냐고 하기에 모른다고 했습니다. 그랬더니 그 후에 다시 주빈께서 강요하셔서 일러 드렸습니다."

호초가 일러 준 술법이란, 세자가 좋아하는 여자의 신을 잘라다가 불에 태워서 가루를 낸 뒤, 술에 타 세자에게 먹이는 것이었습니다. 그러면 세자는 휘빈만 좋아하게 되고, 신발의 주인은 다시는 사랑 받지 못한다는 것이었지요. 휘빈은 곧 세자가 좋아하는 효동과 덕금, 두 시녀의 신을 가져다가 손수 잘라서 숨겨 두었는데, 기회가 생기지 않아 실행에 옮기지는 못했습니다. 그래서 휘빈은 결국 다른 술책을 물었지요. 그러자 호초는, 뱀이 암수가 사랑을 나눌 때 생기는 액체를 수건으로 닦아서 몸에 차고 있으면 반드시 남자의 사

랑을 얻을 것이라고 했답니다.

호초가 일러 준 술책 중에서 첫 번째 것은 박신의 첩이었던 중가이에게 들은 것이고, 두 번째 것은 정효문의 기생첩 하봉래에게 들은 것이라고 자백했습니다.

휘빈의 여종 순덕이 나중에 이 일을 알고 잘라 둔 신발을 감췄지만, 세종이 그녀를 불러 심문하자 신발을 바쳤지요. 이렇듯 명백한 증거물까지 확보한 세종은 김씨가 요사스럽고 덕행이 없다고 하여 내쫓았던 것입니다.

순빈 봉씨 폐빈 사건

휘빈을 쫓아낸 세종은 다시 며느리를 맞아들였는데, 그녀가 순빈 봉씨입니다. 순빈 봉씨는 봉여의 딸이었는데, 별로 직책이 높지 않았던 봉여는 딸이 세자빈에 오르면서 2품 직책을 받아 벼슬이 뛰었지요.

순빈이 세자빈에 책봉된 것은, 휘빈이 쫓겨난 지 3개월이 채 못 된 1429년 10월 15일이었습니다. 하지만 그녀도 세자빈으로 책봉된 지 7년 뒤인 1436년 11월 4일에 쫓겨나고 맙니다. 세종은 그녀의 폐출에 대해 한동안 입을 닫고 있었지요. 하지만 신하들이 알고자 하자, 세종은 11월 17일에 교지를 내려 그 이유를 알렸습니다.

"처음에 김씨를 쫓아내고 봉씨를 세자빈으로 세울 때에는 옛 훈계를 알아서 경계하고 조심하여 이후로는 김씨 같은 일이 일어나지 않도록 하기 위해, 뛰어난 여인을 스승으로 삼아 봉씨에게 《열녀전》을 가르치게 했다."

하지만 순빈은 며칠 만에 《열녀전》을 집어던지고, "내가 이런 것을 배워 제대로 살겠는가?" 하고 소리쳤다고 합니다.

《열녀전》을 가르치게 한 것은 세종의 뜻이었는데, 순빈이 그 책을 집어던졌다는 소리를 듣고 세종은 노발대발했지요.

사실, 순빈이 《열녀전》을 집어던진 것은 내용 때문에 반발했던 것이 아니었습니다. 세자 향은 원래부터 여자를 잘 가까이 하지 않는데다, 순빈의 처소는 아예 찾지도 않았기 때문이었지요. 그런 까닭에 순빈은 《열녀전》 따위를 아무리 읽어 봤자 무슨 소용이 있느냐는 뜻으로 책을 집어던진 것이었지요.

그 뒤로 순빈은 세자의 사랑을 얻기 위해 노래를 지어 시녀에게 부르도록 했고, 시중드는 노파를 시켜 세자를 처소로 이끌고 오도록 압력을 주기도 했습니다. 하지만 갖가지 방법을 사용해도 세자는 순빈의 처소를 찾지 않았지요. 절망한 순빈은 그 뒤로 술로 세월을 보냈습니다. 그 바람에 몇 년 사이에 술 중독 증세를 보였고, 심지어 세자가 좋아하는 궁인들을 죽도록 두들겨 패기도 했습니다. 거기다 자신의 시녀와 동성연애한 것이 발각되었는데, 이것이 결정적인 이유가 되어 내쫓기고 말았답니다.

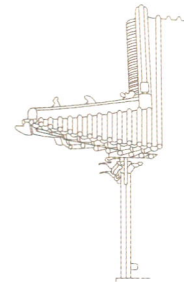

왕은 어떤 일들을 했을까?

이제 왕이 무슨 일을 했는지 알아볼까요? 왕조 시대엔 근본적으로 왕이 입법, 사법, 행정에 관한 권한을 가졌기 때문에, 국가의 모든 일에 결정권을 가졌습니다. 결정권은 곧 업무와 관련이 있기 때문에 왕의 권한은 엄청났지요. 그만큼 해야 할 일도 헤아릴 수 없을 정도로 많았습니다. 그래서 왕이 업무를 보는 것을 가리켜 '만(萬) 가지 기교를 부려야 한다.'는 뜻으로 '만기(萬機)'라고 일컬었습니다.

그렇다면 왕의 하루 생활은 어떠했을까요?

왕은 해 뜨기 전에 일어나 대비나 왕대비 등 어른들에게 문안하는 것으로부터 아침을 시작합니다. 문안이 끝나면 해 뜰

정조의 만기지가 도장 만 가지 일을 처리하는 여가에 책을 읽는다는 뜻이다.

36 | 조선 시대 왕실 사람들은 어떻게 살았을까?

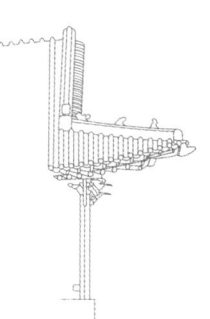

무렵쯤 경연에 나가지요. 이때 하는 경연은 아침에 하는 강의라고 해서 '조강'이라고 합니다. 경연은 왕이 학문을 배우는 것을 말하는데, 일종의 왕을 위한 학교랍니다. 여기서 왕은 신하들에게 가르침을 받기도 하지만, 신하들과 논쟁을 벌이기도 하고 토론을 하기도 하지요.

조강이 끝나면 아침을 먹고 조회를 시작하는데, 이 시간부터가 공식적인 업무 시간입니다.

조회에는 상참과 조참이 있는데, 상참은 간단하게 줄인 약식 조회로 매일 짧게 하는 것입니다. 조참은 정기 조회인데 한 달에 네 번, 5일, 11일, 21일, 25일에 열립니다. 조회에 참석하는 신하는 의정부의 재상 및 대신, 육조와 삼사의 당상관, 승지와 경연관, 사관 등입니다.

조회가 끝나면 업무 보고를 받는데 이것을 '조계'라고 합니다. 조계가 끝나면 '윤대'를 하지요. 윤대는 각 행정 부서의 순번에 따라 파견된 관리를 만나는 일입니다. 윤대관은 문신 6품 이상, 무신 4품 이상이 되어야 할 수 있습니다. 윤대는 대개 하루에 다섯 부서를 넘지 않게 하는데, 왕의 업무가 너무 많지 않도록 한 것이지요.

윤대가 끝나면 오전 업무는 끝납니다. 하지만 점심을 먹고 또 경연에 나갑니다. 이때의 경연을 낮에 하는 강의라고 해서 '주강'이라 하지요. 주강은 한 시간 정도 이어지는데, 이것이 끝나면 지방관으로 발령 받은 관료나 지방에서 중앙으로 돌아온 관료들을 만납니다. 지방에서 벌어진 일들을 보고 받거나 백성들이 원하는 것을 들어주기 위해서입니다.

지방관 면담이 끝나면 궁궐의 야간 수비나 숙직에 관한 업무를 봅

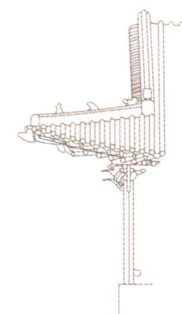

니다. 즉 대궐의 호위를 맡은 군사들과 숙직 관료들의 명단을 확인하고, 야간 암호를 결정해 알려 주는 것이 이때 할 일입니다.

이 일을 끝으로 왕의 공식 업무는 끝납니다. 이때가 대개 오후 5시쯤 되는데, 이후에 왕은 다시 저녁 강의인 석강에 참석해 다시 공부를 해야 합니다. 석강이 끝나면 저녁을 먹고 휴식을 취하고, 잠자리에 들기 전에 다시 대비와 왕대비에게 문안을 드리지요.

왕의 하루 일과는 대충 이렇지만, 늘 똑같지는 않습니다.

왕에게 이런 일과 외에 해마다 반복되는 정기적인 예식도 중요한 업무입니다. 한 해를 시작하는 정월 초하루엔 중국 천자가 있는 북쪽을 향해 절을 올리는데, 천자의 궁궐을 향해 올리는 예식이라고 하여 '망궐례'라 합니다. 망궐례가 끝나면 종묘로 가서 선대왕들과 조상에게 제사를 지내고, 성균관으로 가서 공자에게 제사를 지냅니다. 이것이 끝나면 종친과 신하들의 인사를 받지요.

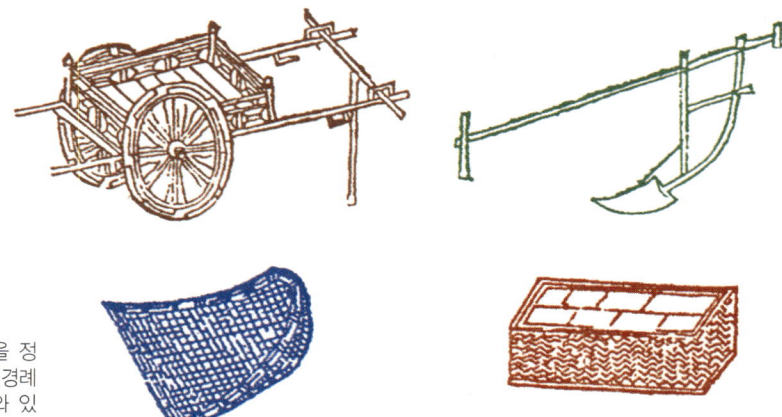

친경례에 사용한 농기구
조선 시대 의례와 의식을 정리한 《속오례의》에는 친경례에 사용한 농기구가 나와 있다.

이렇게 정초(설날)를 시작한 왕은 2월엔 선농단에서 풍년을 기원하는 제사를 지내고, 직접 농사를 지어 보는 친경례를 합니다. 이후 봄과 여름에 가뭄이 닥치면 기우제를 지내야 하고, 홍수가 닥치면 기청제를 지내야 합니다. 기우제나 기청제는 가뭄이나 홍수가 끝날 때까지 지속적으로 지내야 하기 때문에, 심할 때는 12번이나 지낼 때도 있습니다. 또 기우제나 기청제를 지낸 뒤에 가뭄이나 홍수가 끝나면 하늘에 감사한다는 뜻으로 보사제를 지내야 합니다. 가을엔 직접 농산물을 수확하는 모습을 백성들에게 보이기 위해 친예례를 지내고, 겨울에 눈이 내리지 않으면 기설제를 지내지요.

이 외에도 제사는 수도 없이 많답니다. 철마다 종묘에 제사 올리는 것은 기본이고, 날마다 초하루와 보름날에도 종묘에 제사를 올려야 하며, 부왕과 모후, 조모와 조부, 증조부와 증조모, 고조부와 고조모 등 4대 기일에도 제사를 지내야 합니다.

그뿐만이 아니에요. 수많은 자손들과 종친들의 결혼을 챙겨야 하고, 자식들의 결혼 전에는 산과 바다, 큰 강에 제사를 올려야 하며, 공자, 단군, 기자, 고려 시조 왕건에게도 제사를 올려야 하지요.

이렇듯 왕의 한 해는 그야말로 제사에서 시작해서 제사로 끝나는 것입니다.

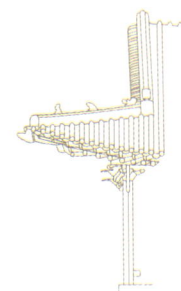

왕의 생활 모습은 어떠했을까?

왕의 생활 공간

왕의 생활공간은 당연히 궁궐입니다. 궁궐이란 궁(宮)과 궐(闕)이 합쳐진 말인데, 궁이란 왕이나 왕족들이 사는 생활공간이고, 궐이란 출입문 좌우에 설치한 망루와 성곽, 업무를 보기 위한 사무실을 가리킵니다. 따라서 궁궐이란 말은 궁궐 안에 있는 생활공간과 업무를 보기 위한 사무실, 성곽과 망루를 모두 일컫습니다.

조선의 대표적인 궁궐이 경복궁이라는 것은 다 알고 있지요? 경복궁의 정전은 근정전인데, 왕은 이곳에서 신하들의 하례를 받거나 사신을 맞아들이는 등 공식적인 행사를 맡아 했답니다. 하지만 특별한 행사 외의 일상적인 업무는 근정전 뒤에 자리 잡은 사정전에서 했습니다. 이 사정전은 편하게 일할 수 있는 곳이라고 해서 '편전'이라고도 했지요.

왕은 사정전에서 일과를 끝내면 휴식을 취하기 위해 내전으로 가니다. 왕은 내전에서 생활했는데, 그곳에 강녕전을 비롯해 연생전, 경성전 등 잠을 잘 수 있는 침전이 있습니다.

그런데 강녕전은 단순히 잠만 자는 곳이 아니라 신하들을 초청해 함께 이야기를 나누는 사랑방 구실도 했습니다. 왕은 평소에 독서를 즐기거나 종친들을 만날 때도 주로 강녕전을 이용했습니다. 그리고 그곳에서 가족들을 불러 놓고 기생들의 춤을 구경하며 한판 잔치를 벌이기도 했지요.

조선의 양반들이 모두 그랬듯이 궁궐에서도 부부가 다른 집을 사용했습니다. 강녕전이 왕이 생활하는 사랑채라면, 왕비가 생활하는 안채는 교태전입니다. 그런데 왕은 왕비와 합방하기 위해 교태전으로 찾아와야 했습니다.

왕은 왕비 외에도 여러 명의 부인을 뒀습니다. 흔히 '후궁'이라고 하는 그들은 모두 독립된 숙소를 제공 받았습니다. 그리고 그들의 숙소에도 '궁' 또는 '당'의 명칭이 붙었답니다. 왕은 강녕전이나 교태전에서 자지 않는 날에는 후궁의 처소를 찾아갔습니다.

왕은 경사가 있는 날에 신하들과 함께 연회를 베풀 때 대개 경회루를 이용했습니다. 근정전 서북쪽에 있는 경회루는 네모로 된 연못 안에 지어진 누각이랍니다.

경복궁 근정전(위), 사정전(중간), 강녕전(아래)
모두 왕과 관련 있는 공간이다. 근정전은 공식적인 업무가 이루어지는 궁이고, 사정전은 편히 앉아서 나랏일을 보는 집무실이다. 강녕전은 왕의 개인적인 생활공간이다.

홀로 조용히 산책을 하거나 풍경을 즐기고 싶을 때 향원정을 찾기도 했습니다. 향원정은 향원지라는 연못에 지어진 누각인데, 아주 단아하고 운치 있는 곳이지요. 그 뒤쪽으로는 산책하기에 좋은 아미산이 있어 왕이 조용한 시간을 보내기에 아주 좋았습니다.

왕의 나들이

왕은 이처럼 거의 모든 시간을 궁궐 안에서 보내지만, 그렇다고 해서 궁 밖으로 전혀 나가지 않았던 것은 아닙니다. 사냥을 좋아했던 태종이나 연산군은 툭 하면 군사들을 이끌고 매사냥을 다녔고, 피부병이 있던 세조는 전국의 좋은 물을 찾아 자주 나들이 갔습니다. 또 선조와 현종은 온천을 좋아해 기회만 나면 온양으로 행차했지요. 이 외에도 어머니나 아버지의 능을 찾거나 딸이나 아들의 집을 방문하기 위해 궁 밖으로 나가는 경우도 많았습니다. 하지만 왕이 한번 움직이면 수백 명에서 많게는 오천 명이 넘는 대규모 인원이 따라가야 했기 때문에 비용이 만만치 않았습니다. 또한 왕이 행차하면 백성들이 모든 일을 제쳐 놓고 달려 나와 엎드려야 했기 때문에, 백성들에

화성능행도병 〈시흥환어행렬도〉 부분 정조가 어머니 혜경궁 홍씨의 회갑을 기념해, 사도세자의 현륭원이 있는 화성으로 어머니를 모시고 행차해 잔치를 벌인 뒤 창경궁으로 돌아오는 모습이다.

게 적잖은 피해를 끼칠 수밖에 없었지요. 그런 까닭에 신하들은 가급적 왕이 외출하는 것을 좋아하지 않았습니다.

왕의 여가 활동

신하들이 권장했던 왕의 여가 활동은 주로 격구나 투호, 독서와 명상 등이었습니다. 이 일들은 모두 궁궐 안에서 할 수 있는데다 비용도 별로 들지 않았기 때문이었지요. 실제로 정종 같은 왕은 격구를 매우 즐겼는데, 허수아비 왕으로서 실권이 없던 처지를 달래는 좋은 수단이 되기도 했답니다. 격구는 혼자 즐길 수 없는 것이므로, 격구 시합이 있을 땐 대개 종친이나 부마들이 왕의 부름을 받고 달려오곤 했습니다.

격구는 말을 타고 달리면서 하는 것이라서 매우 거친 운동이었습니다. 그래서 왕들은 대부분 격구를 직접 즐기기보다는 구경하는 경우가 많았답니다. 격구 선수는 군인들 중에서 뽑혀 오는 일이 많았지요.

투호는 화살을 던져 통에 넣는 놀이인데, 주로 궁중의 여자들이 하던 놀이였습니다. 때론 왕이 이 놀이에 참여해 함께 즐기기도 했습니다.

독서와 명상은 왕에겐 필수적인 여가 활동이었습니다. 책을 읽지 않고 공부하지 않는 왕은 신하들을 잘 다스릴 수 없었기 때문이지요. 또 명상은 머리를 맑게 하고

격구도 격구는 말을 타고 막대기로 공을 치는 경기인데, 오늘날 하키와 비슷하다.

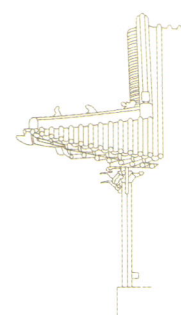

마음을 가라앉히는 데 좋은 활동이었습니다.

이 외에도 왕들 중에는 사냥을 즐기는 왕이 많았습니다. 특히 매사냥을 즐기는 왕이 많았는데, 태종과 연산군이 대표적이었습니다.

왕이 먹는 음식

왕이 먹었던 음식은 수라상을 보면 거의 알 수 있습니다. 왕과 왕비의 밥상을 '수라상'이라고 하는데, 대궐의 주방이라고 할 수 있는 소주방에서 주방상궁이 차립니다. 탕약을 올리는 날을 빼곤 아침 수라 전엔 반드시 미음이나 죽을 먼저 올리고, 그런 다음 대전에서 수라를 올리라고 하면 수라상을 대령하지요.

수라상엔 대원반, 곁반, 책상반 등 모두 3개의 상이 사용됩니다. 대원반엔 은수저 1벌과 은입사시(음식에 독이 들었는지 여부를 판별하기 위한 은수저) 1벌, 토구(입속의 것을 뱉어 내는 그릇) 등을 올립니다. 그리고 흰밥, 미역국, 간장류, 김치류, 찬품류 등을 올리지요. 곁반에는 음식에 독기가 들었는지 여부를 알아보는 기미용(맛을 보는 용도) 은입사시 1벌, 금테를 두른 상아저 1벌, 빈 그릇 1개, 빈 접시 2개, 냉수 대접 등을 올리고, 팥밥과 곰국, 찬품류(반찬이 될 만한 것들)가 올라갑니다. 나머지 책상반에는 조치, 전골, 찜과 같은 더운 음식을 올리고, 냉수나 숭늉 주전자나 빈 접시, 휘건(궁중에서 음식을 먹을 때 무릎 위에 펴던 수건), 행주, 가위 등도 놓습니다. 그리고 왕이 더운 음식을 먹을 땐 음식은 대원반으로 옮겨진답니다.

수라상엔 밥, 국, 장, 김치, 조치, 찜, 전골 같은 기본 음식 외에 12

가지 반찬이 올라갑니다. 흔히 이것을 '12첩 반상'이라고 하는데, 숙채(익혀서 무친 나물)와 생채(생나물), 조림, 전, 적, 자반, 젓갈, 회, 편육, 장과(조려서 만든 반찬), 별찬(특별한 반찬) 등으로 구성되어 있지요.

이렇게 수라상이 준비되면 왕이 들어와 앉습니다. 그러면 찬품단자(반찬의 이름을 적은 명단)를 들여와 12찬품의 내용을 보여 반찬의 내용이 무엇인지 왕이 알도록 합니다. 그리고 왕이 사용할 수저를 냉수 대접에 한 번 헹궈 행주에 닦아 바칩니다. 그러면 곁반과 책상반 옆에 앉은 기미상궁(음식에 독이 들어 있는지 먼저 맛을 보는 상궁)이 은입사시로 음식에 독이 들었는지를 확인하고, 그런 뒤에 왕은 수라상궁의 시중을 받으며 음식을 들기 시작합니다. 왕이 수라를 드는 동안에는 그날

왕은 어떻게 살았을까? | 47

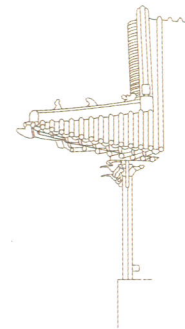

의 수라 당번 궁녀 3명이 책상반 위쪽에 옆으로 일렬로 앉아 그 모습을 지켜본답니다.

왕이 먹는 약

수라 외에도 왕에게 올리는 음식이나 술, 탕제 등은 반드시 독기가 있는지 확인하는 절차를 거쳐야만 왕이 먹을 수 있습니다. 하지만 간혹 이 절차를 지키지 않은 경우도 있었답니다.

태종 때인 1406년 1월엔 이런 일이 있었습니다. 태종이 병세가 있자 전의(왕의 병과 왕실의 의료일을 맡던 관직) 이주와 평원해가 탕약을 제조해 바쳤는데, 태종이 먹고 구토 증세를 일으키고 정신이 혼미해지는 일이 일어났습니다. 왕에게 약을 올릴 때는 반드시 포구를 해야만 합니다. 포구는 왕에게 약을 올리기 전에 반드시 먼저 신하가 맛보는 것인데, 왕의 독살을 방지하기 위한 장치입니다. 그런데 이날 태종은 그 절차를 생략하고 탕제를 마셨던 것입니다.

승지 중에서 약방에 대한 업무는 좌부승지가 맡았기 때문에 좌부승지가 포구를 해야 했지요. 하지만 당시 좌부승지였던 맹사성은 태종의 만류로 포구를 하지 않았던 것입니다.

이 일로 약을 지어 올린 이주와 평원해는 물론이고, 먼저 약을 맛보지 않은 맹사성도 탄핵을 당했습니다. 다행히 태종의 배려로 맹사성은 죄를 면했지만, 만약 이때 왕이 죽거나 큰 탈이 났다면 엄청난 피바람이 일었을 것입니다. 생각만 해도 정말 오싹한 일이지요?

왕은 어떤 말을 썼을까?

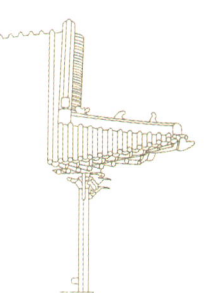

왕이 특별했던 만큼, 왕이 썼던 말도 일반인들과는 달랐습니다. 대개 왕은 자신을 가리켜 '여(子)'라고 했는데 이것은 '나'란 뜻입니다. 또 과인이란 용어도 자주 썼는데, 자신을 낮추는 말로 '덕이 부족한 사람'이라는 겸손의 말입니다. '과매', '과궁' 같은 표현도 '과인'과 비슷한 의미였지요.

과인이라는 말은 조선 왕조 이후에 사용했고, 고려 때엔 '짐'이라는 표현을 썼습니다. 그런데 조선 왕조에 와서 명나라 황제가 스스로를 '짐'이라고 불렀기 때문에, 그보다 더 낮은 표현인 '과인'을 쓰게 된 것이지요.

신하를 부를 땐 '이(爾)'라는 표현을 주로 썼는데, '너' 또는 '그대'라는 뜻이었습니다. 하지만 재상이나 2품 이상의 대신들을 부를 땐 '경(卿)'이라는 표현을 써서 존중해 주고, 공적인 일을 처리할 땐 대개 영의정, 이조 판서 등과 같이 신하의 관직을 불렀습니다.

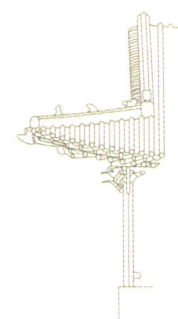

　신하들도 왕을 지칭할 때 여러 가지 표현을 썼습니다. 가장 흔한 표현이 상(上), 주상, 성상 등입니다. 한마디로 '윗분'이라는 뜻이지요.
　상과 더불어 '전하'라는 표현도 많이 썼습니다. '상'이 왕을 높이는 말이라면 '전하'는 자신을 낮추는 말입니다. 전하란 '전(殿) 아래'라는 뜻인데, 임금의 거처를 '대전'이라고 한 데서 비롯된 말입니다. 즉, 자신이 임금 아래 있는 사람이라는 뜻을 강조한 것이지요.
　하지만 고려 시대엔 '전하'가 왕자에게 하던 표현이었고, 왕에게는 '폐하'라는 표현을 썼습니다. 폐하는 '섬돌 아래'라는 뜻으로, 주로 신하가 자신을 낮춰서 부르던 말이었습니다. 그런데 명나라 황제를 '폐하'라고 했기 때문에 명나라를 섬기는 조선에서는 그보다는 한 단계 아래인 '전하'라는 표현을 쓴 것입니다. 명나라에서는 주로 황제의 아들이나 황족들을 부를 때 '전하'라는 표현을 썼습니다. 이 외에도 왕에게 '대왕', '대성인', '군부' 같은 표현도 가끔 사용했습니다.
　왕의 신체나 옷, 음식 등에 대한 용어도 특별했답니다. 왕의 얼굴은 '용안'이라 하는데, 용을 왕의 상징으로 본 데서 비롯됐습니다. 왕이 앉는 자리를 '용상'이라고 하는 것이나, 왕의 옷을 '용포'라고 하는 것도 마찬가지입니다.
　그리고 왕이 백성의 고충을 듣는 일을 '하늘처럼 밝게 살펴 듣는다.'고 하여 '천청'이라 했고, 왕이 화를 내는 것을 '하늘의 노여움'이라 하여 '천노'라고 했습니다.
　왕의 신체는 성체, 즉 '성스러운 몸'이라고 일컬었고, 왕의 손은 '어수', 초상화는 '어진', 눈은 '안정', 입은 '구순', 이마는 '액상',

손톱은 '수조', 손가락은 '수지', 다리는 '각부', 콧물은 '비수', 땀은 '한우', 뒷물은 '후수', 눈물은 '안수', 방귀는 '통기', 대변은 '매화'라고 했습니다.

왕은 화장실을 가지 않고 일종의 이동식 변기를 사용했는데, 이 변기를 '매화틀' 또는 '매우틀'이라 했습니다. 시녀들이 매우틀을 가지고 다녔는데 디귿자 형태로 생겼으며, 높이가 약 30센티미터 정도 된 나무틀이었어요. 그리고 빨간 우단으로 나무틀 위를 감쌌고, 나무틀 밑에 구리 그릇을 놓아 거기에 변을 받았습니다. 구리 그릇엔 마른 쑥을 담아 두어서 변의 냄새를 없앴고, 변이 튀는 것을 방지했답니다.

왕은 대변을 본 뒤에 비단으로 뒤처리를 했으며, 왕의 변은 매우틀만을 전문적으로 취급하는 궁녀가 가져다가 왕실 전용 병원인 전의감에 보냈습니다. 그러면 전의감에서는 왕의 변을 검사해 건강 상태를 점검하기도 했습니다.

매우틀 조선 시대 왕이 썼던 이동식 화장실이다.

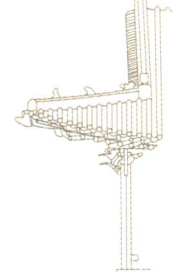

왕은 어떤 옷을 입었을까?

왕이 쓰던 용어뿐만 아니라 왕의 복장도 일반인과 확연히 구분되었습니다. 왕의 공식적인 복장은 크게 면복, 조복, 상복이 있습니다.

면복은 국왕이 제례 때 입던 옷인데, 면류관과 함께 입는다는 뜻에서 붙여진 명칭입니다. 우리나라 왕이 면복을 입기 시작한 것은 1043년(고려 정종 9년)부터인데, 당시 거란의 왕이 선물해서 입었습니다.

조선 왕이 입던 면복은 '구장복'이라고 하는데, 옷에 9개의 문양이 들어가기 때문에 붙여진 이름입니다. 구장복에 들어가는 문양은 산, 용, 화충(꿩), 종이(호랑이

면복 겉에 입었던 홑옷이다.

와 원숭이), 조(수초), 화(불꽃 무늬), 분미(쌀), 보(도끼 무늬), 불(弓형 무늬가 서로 등을 대고 있는 모양) 등입니다.

원래 중국 황제의 면복은 12가지 문양이 들어가서 '십이장복'이라고 합니다. 그런데 조선은 신하의 나라였기 때문에, 세 단계를 낮춰 세 개의 문양을 빼고 아홉 문양만 새겼습니다.

하지만 고려 말엽에 공민왕은 원나라의 지배에서 벗어났을 때 십이장복을 입기도 했습니다. 구장복을 입은 상태에선 반드시 면류관을 쓰게 되어 있는데, 면류관에 늘어뜨린 옥줄이 9개라고 해서 '구류면'이라고 합니다. 중국 황제는 십이류면을 쓰는데, 조선은 신하의 나라이기 때문에 세 단계를 낮춰 구류면을 쓴 것이지요. 따라서 조선의 면복은 구류면, 구장복인 셈입니다.

세자는 옥줄이 하나 적은 팔류면에, 일곱 개의 문양이 들어간 칠장복을 입습니다. 칠장복은 구장복에서 산과 용 문양을 뺀 것인데, 산과 용이 왕을 상징하기 때문입니다.

조복은 왕이나 신하가 황제에게 나아갈 때 입는 옷입니다. 조복은 관(모자), 의(웃옷), 상(아래 두르는 옷), 폐슬(옥구슬), 중단(소매가 넓은 두루마기), 수(옥을 꿰어 두른 끈), 대패, 옥, 말(버선), 혜(신), 홀(벼슬아치가 임금을 만날 때 손에 쥐던 물건) 등으로 되어 있습니다. 조복의 모양은 왕과 신하 사이에 차이가 있는데, 신하들 사이에

순종 어진 조복을 입은 순종의 모습이다.

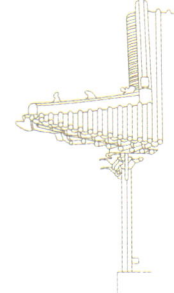

도 품계별로 차이가 있답니다.

  왕의 조복은 '강사포'라고 하는데, 이때 쓰는 관은 원유관입니다. 조선에서 이 옷은 주로 외교용으로 사용되었는데, 국가의 경축일이나 정월 초하루, 동지 때에도 입었고, 조칙(왕의 뜻을 백성들에게 알리는 글)을 반포할 때나 중국 황제에게 표(왕이나 황제에게 올리는 글)를 올릴 때도 입었습니다.

  상복은 왕이 평소에 입는 옷입니다. 조선 왕은 상복으로 익선관을 쓰고 곤룡포를 입으며, 여기에 옥대를 하고 그 안에 답호(예복 밑에 입는 조끼형 옷)와 첩리(두루마기와 비슷한 모양의 옷)를 받쳐 입고, 그 아래에 바지저고리를 입었습니다. 곤룡포의 색깔은 붉은색이었으며, 옷에 금색으로 용을 새겨 넣었습니다.

  조선 왕의 옷은 즉위 때마다 명나라에서 만들어 보냈지만, 청나라가 들어서면서부터 그 관습이 끊어져 중국과 조선의 복식이 완전히 달라지게 되었습니다. 청나라가 들어선 뒤에도 조선은 여전히 명나라 식 복식을 고집했고, 중국은 완전히 청나라 식으로 복식을 바꿨기 때문입니다.

  조선 말기에 고종이 황제 칭호를 사용했을 때에는 몇 년 동안 명나라 황제가 입던

곤룡포 영친왕이 상복으로 입었던 곤룡포이다.

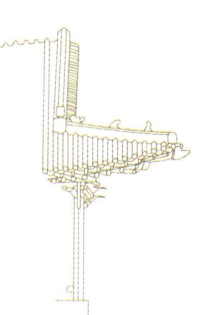

황색 면복을 착용하기도 했습니다. 황색은 원래 황제를 상징하는 것이라서 그 이전의 조선 왕들은 입지 않았던 옷 색깔이었답니다.

왕의 장례는 어떻게 치렀을까?

조선에서는 왕이 죽는 것을 '훙(薨)'이라고 했는데, 중국 황제의 죽음을 '붕(崩)'이라고 한 것에 비해 한 단계 낮은 용어였습니다. 당시 조선이 중국에게 조공을 바치던 나라였기에, 사대(큰나라를 섬기는 것) 정책의 일환으로 '붕'이라고 하지 않고 '훙'이라고 한 것이지요. 하지만 삼국 시대나 고려 시대까지만 해도 왕의 죽음을 '붕'이라고 했답니다.

왕이 죽으면 조정의 모든 대신들은 국장 준비에 참여해야 합니다. 국장을 치르기 위해선 국장도감, 빈전도감, 산릉도감 등이 설치되고, 대신들은 각 도감의 일원이 되어 장례를 진행해야 하

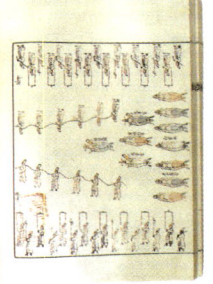

정조국장도감의궤 이 의궤에는 정조의 장례식에 대한 모든 의식이 기록되어 있다. 그림 속 큰 가마가 정조의 시신을 모신 상여이다.

지요. 만약 이 기간에 놀러 다니거나 기생과 유흥을 즐기는 등 엉뚱한 일을 벌이면 큰 벌을 받게 됩니다.

국장도감은 국상 당일에 조직되어 장례를 치른 뒤 혼전(3년 동안 신위를 모시는 전각)에 반우(장사 뒤에 신주를 궁궐로 모셔오는 일)하여 우제(초우와 재우, 삼우를 합해서 이르는 말)가 끝날 때까지 약 5개월 동안 이어지는 임시 기구입니다. 국장도감은 이 기간 동안 상례와 장례에 따르는 모든 의전과 재정, 시설, 문서 등의 업무를 총괄하게 됩니다.

국장도감은 도청과 3방으로 이뤄지는데, 여기에 분전설사(전설사의 출장소)와 분장흥고(장흥고의 출장소), 지석소(지석을 담당하는 곳), 우주소(우제를 주관하는 곳), 별공작소(장례에 쓰이는 용품을 만드는 곳) 등이 마련되어 장례에 관한 업무를 분담했습니다.

도청은 전체 업무를 지휘하는 총괄 본부이며, 1방은 상여와 주렴, 평상 등의 제작을 맡고, 2방은 각종 의장과 그릇을 준비하며, 3방은 애책문과 만장 등 글을 쓰는 업무를 맡았습니다. 또 분전설사와 분장흥고는 시설과 경비에 관한 업무를 담당했습니다.

국장도감에 소속된 정규 관원으로는 총호사로 지칭된 도제조 1인, 예조 판서, 호조 판서, 선공감 제조 등으로 구성된 제조 4인, 3품이나 4품으로 된 도청 2인, 4품에서 6품으로 구성된 낭청 6인, 감조관 6인 등이 있습니다. 이 외에도 독책관, 독보관, 상시책보관 등을 합쳐 50여 명이 배치되었답니다.

빈전도감은 장례일까지의 염습(시신을 염하는 것), 성빈(빈소를 차리는 것), 성복(죽은 이에게 옷을 입히는 것) 등 빈전에 관한 업무를 맡는 기구입

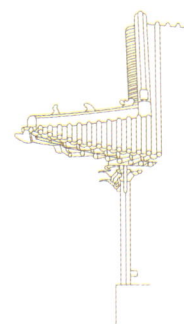

니다. 빈전(빈소를 높여서 부르는 말)은 상중에 죽은 왕이나 왕비의 신주와 혼백을 모시는 곳이기 때문에, 빈전도감은 이에 관한 일을 맡는 것입니다.

산릉도감은 현궁과 정자각, 비각, 재실 등 봉분을 조성하는 일과 부대시설에 관한 일을 맡았습니다. 대개 능을 조성하고 그 주변의 부설물을 만드는 기간은 5개월 정도 걸렸는데, 이때에 능을 만드는 데 동원되는 사람들은 적게는 6,000명에서 많게는 1만 명이나 됩니다. 산릉도감은 이 사람들을 모두 관리하고 감독하는 역할도 함께 해야 합니다.

이 기간 동안 왕의 시신은 관에 안치한 뒤, 빈전 안에다 가매장(임시로 묻어 두는 것)했습니다. 빈전 안에서는 죽은 왕과 가장 가까운 왕족이 지키면서 문상을 받고, 죽은 왕을 모셨던 궁녀가 밖에서 지키며 심부름을 했습니다. 또 왕위를 계승한 다음 왕은 왕비와 함께 아침저녁으로 상식(죽은 사람에게 올리는 음식)을 올리면서 곡을 했습니다.

능지(묘지)는 상지관이 풍수지리설에 따라 택하고, 능은 좌향으로 했으며, 능 뒤쪽에는 반드시 산이 있어야 했습니다. 또 소나무 숲을 배경으로 해야 하며, 동쪽과 서쪽, 북쪽 삼면으로 곡장(무덤 뒤로 둘러싼 나지막한 토담)을 두르고, 곡장 안에 봉분(무덤 봉우리)을 조성했습니다. 그리고 봉분 아래쪽으로 12방위를 담당하는 십이지신상을 방위에 맞게 세웠습니다. 이것은 외침으로부터 왕릉을 보호한다는 의미였답니다. 그 외에도 여러 석물이 조성되는데, 봉분 주위를 보호하는 난간석이 있고, 그 바깥으로 석호(돌호랑이) 네 기와 석양(돌양) 네 기가 밖을

향한 채 봉분을 호위하는 모습으로 세워졌습니다.

　봉분 바로 앞에는 상석이 마련되고, 상석 아래는 귀신의 얼굴 모양을 한 고석이 상석을 떠받치게 되지요. 상석 좌우에는 망주석 한 쌍을 세우고, 망주석 아래에 장명등을 설치합니다. 또 장명등 좌우에는 문인석 한 쌍이 말을 대동한 채 서 있고, 그 밑에 무인석 한 쌍이 석마와 함께 세워진답니다.

　봉분에서 문인석까지는 거의 평지이지만, 무인석부터 정자각까지는 심하게 경사가 집니다. 이 경사진 부분을 '사초지'하고 하는데, 그 끝부분에 정자각이 들어섭니다. 정(丁)자 모양을 한 정자각은 제향(제사)을 위해 세운 건물입니다. 정자각 뒤쪽에는 제향 후에 축문을 태워 묻는 네모난 석함이 있습니다.

　정자각 정면으로는 참도가 조성되는데, 그것이 시작되는 부분에 홍살문이 세워집니다. 홍살문 밖 능역에는 재실이 있는데, 능 관리인인 능참봉이 이곳에 삽니다.

　이 외에도 조선 초에는 신도비를 세워 왕의 업적을 새겼는데, 문종 이후에는 신도비를 세우지 않았습니다. 왕의 시신이 매장된 뒤엔 위패를 혼전에 모시게 되는데, 그로부터 3년이 지나면 종묘로 옮겨서 모시게 된답니다.

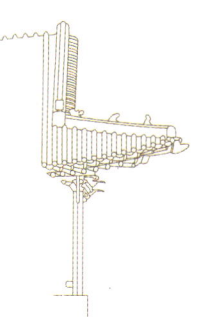

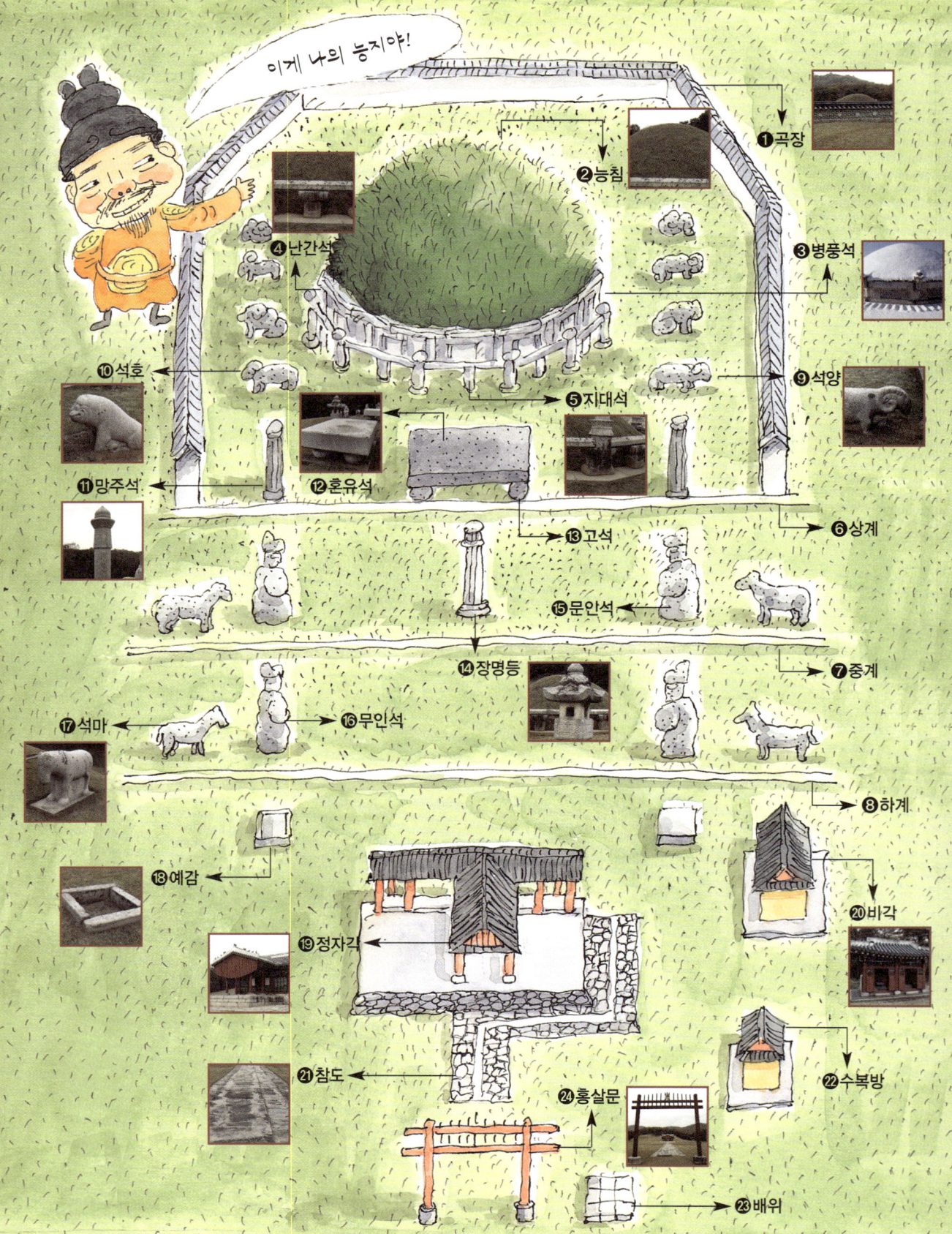

❶ 곡장 : 왕릉을 보호하기 위해 능 뒤로 둘러친 담장
❷ 능침 : 왕이나 왕비의 무덤 봉우리
❸ 병풍석 : 능침을 보호하기 위해 능침 아랫부분을 두르는 12개의 돌. 병풍석에는 십이지신상을 해당 방위에 따라 조각해 놓았다.
❹ 난간석 : 능침 주변을 보호하기 위해 둘레에 설치한 돌 울타리
❺ 지대석 : 병풍석 아래쪽을 받쳐놓은 기초가 되는 돌
❻ 상계, ❼ 중계, ❽ 하계 : 능 주변을 크고 기다란 돌로 세 단계로 구분해 놓은 경계선. 제일 위에 있는 경계선을 상계, 중간에 있는 것을 중계, 맨 아래 있는 것을 하계라고 한다.
❾ 석양 : 돌로 만든 양. 사악한 것을 물리친다는 의미로 사용했다.
❿ 석호 : 돌로 만든 호랑이. 능을 지키는 수호신 개념으로 세웠다.
⓫ 망주석 : 능침 좌우에 세운 돌 기둥. 죽은 혼이 육신으로 찾아들 때 표식으로 삼고자 했다.
⓬ 혼유석 : 무덤에서 제사를 지낼 때 상으로 쓰는 상석. 이곳에서 혼이 논다고 하여 혼유석이라고 한다.
⓭ 고석 : 혼유석의 받침이 되는 돌로 모양이 북을 닮았다 하여 북고자를 사용한다.
⓮ 장명들 : 오랫동안 잘 지내고 복을 받으라는 의미로 세운 석등
⓯ 문인석 : 문관 신하를 돌로 만든 상
⓰ 무인석 : 무관 신하를 돌로 만든 상
⓱ 석마 : 문인석과 무인석 뒤에 세워진 돌로 만든 말
⓲ 예감 : 돌로 만든 상자라고 해서 석함이라고도 하는데, 제사를 지낸 후에 축문을 태우는 곳
⓳ 정자각 : 제사 지내는 집으로 정자 모양으로 생겼다고 해서 붙여진 이름
⓴ 비각 : 비석을 보호하는 집
㉑ 참도 : 홍살문 정자각까지 돌을 깔아 놓은 길. 왼쪽의 높은 곳으로 귀신이 다닌다 해서 이 길을 '신도'라고 하며, 오른쪽 낮은 길로 살아 있는 임금이 다닌다고 해서 '어도'라고 한다.
㉒ 수복방 : 능을 지키는 임무를 맡은 수복이 지내는 곳
㉓ 배위 : 홍살문 옆에 한 편 남짓하게 돌로 깔아놓은 곳으로 의식을 행할 때 능을 바라보고 예를 행하는 곳
㉔ 홍살문 : 문살에 붉은 칠을 한 문으로 신성한 것임을 뜻한다.

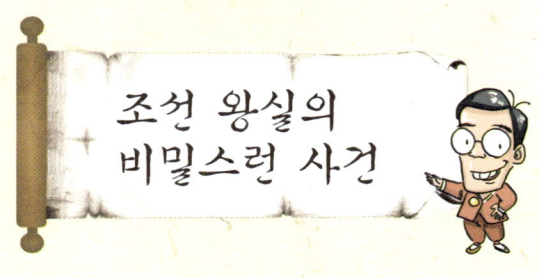

조선 왕실의 비밀스런 사건

사라진 공회빈의 시신

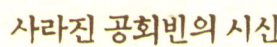

공회빈은 제13대 명종의 아들 순회세자의 세자빈이었습니다. 순회세자는 9세 때(1559년)에 장가를 들었는데, 처음에 세자빈으로 간택된 여자는 황대임의 딸이었지요. 황대임은 윤원형의 사위 안대덕의 가까운 친척이었기 때문에 딸을 세자빈으로 올릴 수 있었습니다. 그런데 불행히도 가례를 앞두고 황대임의 딸이 심한 복통에 시달렸지요. 아마도 맹장염이었던 모양인데, 왕실에서는 병자를 세자빈으로 삼을 수 없다고 하여 그녀를 양제(세자의 후궁에게 내리는 종2품의 품계)로 삼고 윤옥의 딸을 다시 뽑아 세자와 가례를 올렸습니다. 그 세자빈이 바로 공회빈 윤씨였습니다.

순회세자는 몸이 병약해 시름시름 앓았는데, 결국 13세의 어린 나이로 일찍 죽고 말았지요. 그 바람에 공회빈은 아이 하나 없는 청상과부가 되어, 남편이 죽은 뒤로 약 30년을 살다가 1592

년에 죽었답니다. 하지만 그녀는 평생을 불행하게 살았으며 죽은 뒤에도 편안하지 못했습니다. 그녀가 죽던 그 무렵에 임진왜란이 일어났는데, 선조는 궁궐을 버리고 의주로 달아났지요. 그 바람에 제대로 장례도 치러지지 못하고 그녀의 시신은 궁궐 후원에 임시로 묻혀졌습니다.

선조가 이듬해 돌아와 보니, 가매장한 무덤은 파헤쳐져 흔적도 없었고, 그녀의 시신도 사라지고 없었습니다. 선조가 후원을 모두 파헤치게 하여 시신을 찾았으나 끝내 찾지 못했습니다.

그래서 하는 수 없이 시신도 없이 그녀의 신주만 모셨는데, 인조 재위 연간에 일어난 병자호란 때엔 신주마저 잃고 말았답니다.

제2장
왕비는 어떻게 살았을까?

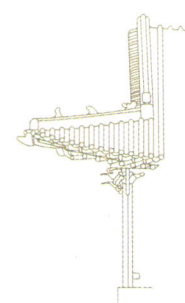

왕비는 어떻게 뽑았을까?

'간택' 이라는 말을 들어 본 적이 있지요?

간택은 왕실에서 혼인을 치르기 위해 혼인 후보자들을 대궐 안에 모아 놓고 배우자를 뽑던 제도입니다. 이 제도는 조선 시대에 생긴 것입니다. 고려 때만 하더라도 간택제도라는 게 없고, 상궁을 앞세워 중매를 하는 형식으로 왕비나 세자빈을 구했답니다.

간택제도가 시작된 것은 조선 태종 때부터이며, 정착된 것은 세종 때였습니다. 간택으로 궁궐에 들어온 첫 여인은 양녕대군의 부인 김씨였습니다. 태종은 재위 7년에 세자빈을 구하기 위해 신하들에게 세자와 비슷한 또래의 양가집 처녀들의 단자(명단)를 모아오도록 했습니다. 그래서 간택된 여인이 김한로의 딸 김씨였답니다.

하지만 이때에도 중매 성격이 강했습니다. 일단 상궁들에게 뼈대 있는 가문의 처녀들을 수소문하여 찾게 하고, 그렇게 해서 확보된 처녀들의 명단 중에 선택했기 때문입니다.

그런데 태종이 간택제도를 공식적으로 도입한 계기는 좀 엉뚱한 사건 때문이랍니다.

태종 17년, 당시 태종은 궁녀 출신의 후궁에게서 태어난 옹주 한 명을 시집보내기 위해 부마감을 찾고 있었습니다. 그 일을 추진하던 판수 지화는 춘천 부사를 지낸 이속의 아들을 부마 후보로 추천하려고 했습니다. 그래서 이속을 찾아가 아들의 팔자를 물었는데, 이속은 달갑지 않은 얼굴로 되물었지요.

"내 아들 팔자는 왜 묻는가?"

지화가 대답했습니다.

"왕명이오."

그러자 이속이 얼굴빛을 바꾸고 이렇게 대답했답니다.

"길례는 이미 끝난 것으로 아는데, 또 다른 궁주가 있는가?"

당시 태종의 후궁에게서 태어난 딸들은 모두 시집을 간 상태였습니다. 다만 이름 없는 궁녀에게서 태어난 딸이 하나 남았던 것이지요. 하지만 이속은 천한 궁녀에게서 태어난 옹주를 며느리로 맞이할 생각이 없었습니다.

"만일 권 궁주(의빈 권씨)의 딸과 결혼하는 것이라면 내 아들은 있는 것이요, 궁녀의 딸과 결혼하는 것이라면 내 아들은 죽은 것이네."

지화가 그 말을 그대로 태종에게 아뢰자, 태종은 머리끝까지 화가 치솟았습니다.

"이속의 가문이 원래 제대로 된 집안도 아니었다. 나도 그 자와 사돈을 맺고 싶지 않다. 그러나 이속의 말은 심히 불손하다. 그 놈을 당

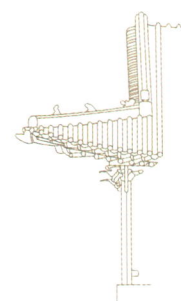

장 잡아와 옥에 가둬라!"

　태종은 이속에게 장 백 대를 때리게 하고 평민으로 전락시켜 지방으로 쫓아 보냈습니다. 하지만 사헌부에서는 이속을 반역으로 다루고 처형시켜야 한다고 주장했지요. 하지만 태종은 자식의 혼사 때문에 사람을 죽이는 일은 하고 싶지 않다며 거부했습니다. 그런데 그 뒤로도 이속을 죽여야 한다는 상소가 이어지자, 태종은 이속과 그 가족들을 노비로 삼는 것으로 일을 마무리했습니다.

　이 일이 있고 난 뒤에 태종은 '간택령'이라는 것을 제도로 만들었습니다. 나라에서 간택을 내리는 명령을 간택령이라고 하는데, 왕실의 결혼을 위해 간택을 할 때엔 먼저 전국에 금혼령을 내리고 비슷한 나이의 자식을 둔 전국의 양반들은 모두 단자(4대 조상과 본인의 생년월일이 기록된 문서)를 써서 바치도록 법으로 정한 것입니다.

　원래 간택의 범위는 왕비나 세자빈에게만 한정되었지만 실제로 왕실 자녀들의 혼사에 모두 적용하기 시작했습니다.

　《조선왕조실록》에 나타나는 첫 간택 사례는 세종 11년 기사에 적혀 있습니다. 세종은 세자빈 휘빈 김씨를 내쫓은 뒤 간택 방법을 바꿔서 세자빈을 다시 간택하자고 제안했습니다. 이 말은 휘빈 김씨도 간택으로 뽑았다는 것을 의미하는데, 그 간택 방법이 잘못되어 제대로 뽑지 못했다고 판단했던 것이지요.

　세종은 이렇게 제안을 했습니다.

　"동궁의 배필을 간택할 때는 마땅히 처녀를 잘 뽑아야 한다. 집안과 덕성이 중요하긴 하나 인물이 아름답지 못하면 또한 안 될 것이다. 나는 부모의 마음에서 친히 간택하고 싶지만 옛 법이 그렇지 못해서 그렇게 할 수 없으므로, 처녀들을 창덕궁에 모이게 해서 내관과 시녀, 효령대군이 함께 참여해 뽑도록 해야겠다."

 효령대군을 참여시킨 것은 종실의 대표자가 혼사 문제를 다루게 되어 있었기 때문입니다. 당시 효령의 형 양녕대군은 유배지에 있었기 때문에 효령이 종실의 대표가 됐던 것이지요.

 세종의 말투로 봐서 쫓아낸 휘빈 김씨는 그저 가문만 보고 뽑았다는 것을 알 수 있습니다. 그렇다 보니, 세자가 휘빈 김씨를 마음에 들어 하지 않았다는 것이지요.

 세종의 이 제안에 대해 대부분의 신하들이 찬성했지만, 대신 허조만 반대했습니다.

 "불가한 일이옵니다. 만일 한곳에 모아 가려 뽑는다면 오로지 얼굴만 보고 취하게 되니, 덕성을 알아볼 수 없을 것입니다."

 하지만 세종은 단호했습니다.

 "사람을 잠깐 보고 어찌 덕을 알 수 있겠는가. 이미 덕으로 뽑을 수 없다면 용모로 뽑지 않을 수 없다. 마땅히 처녀의 집을 찾아 돌아다니면서 괜찮다고 생각되는 처녀를 미리 뽑고, 다시 창덕궁에 모아 놓고

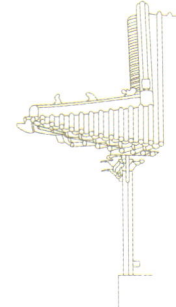

뽑는 것이 좋겠다."

이렇게 해서 뽑은 여자가 순빈 봉씨였습니다. 하지만 나중에 순빈 봉씨도 쫓겨나고 말았으니, 용모만 보고 뽑는 것도 좋은 일은 아니었던 모양입니다.

어쨌든 당시 세자빈을 뽑는 과정은 요즘의 미스코리아 선발 대회와 비슷했다는 것을 알 수 있지요.

세종은 순빈 봉씨를 쫓아낸 뒤, 며느리를 직접 뽑아야겠다고 생각을 했고, 결국 재위 21년에 아들 의창군을 장가보낼 때 실천에 옮깁니다. 그래서 세종에 의해서 시부모가 될 사람이 며느리를 직접 뽑는 형태가 정착된 것이지요.

의창군 결혼을 위해 초(1단계)간택 후보로 오른 처녀들은 26명이었고, 재(2단계)간택 후보는 11명이었는데, 거기서 다시 삼(3단계)간택 후보를 뽑아 김수의 딸로 확정했습니다. 이때부터 삼간택 제도가 확정된 것입니다. 즉, 예심, 본심, 결심의 과정을 거쳤다는 뜻입니다.

그럼 이렇게 해서 확정된 간택의 절차를 자세히 살펴볼까요?

먼저 금혼령을 내리고, 다음으로 봉단령을 내립니다. 금혼령이 떨어지면 양반은 물론이요, 서민도 결혼할 수 없었습니다. 봉단령은 처녀 혹은 총각(공주나 옹

간택단자 왕세자의 가례에서 초간택을 통과한 처녀의 단자이다.

주의 배필감)의 단자를 올리라는 명령이었는데, 대개 배필 나이의 자식을 가진 집안에서 스스로 단자를 나라에 올리는 형식을 띠었습니다. 하지만 강제성을 띠고 있었으므로 일부러 단자를 내지 않으면 형벌을 받았지요.

단자를 낼 수 있는 자격 조건을 보면 우선 선비 집안이어야 하고, 세자(또는 왕자녀)보다 두세 살 위까지의 처녀, 총각이어야 하며, 부모가 모두 살아 있어야 합니다. 그리고 이(李)씨가 아니어야 합니다. 세종은 비록 본이 다르더라도 이씨 성은 절대 받아들일 수 없다고 했습니다. 선조의 본이 바뀌거나 섞인 경우가 많았기 때문입니다.

이런 과정을 거쳐서 드디어 간택이 시작되는데, 초간택, 재간택, 삼간택 등 3차에 걸쳐 이루어지게 됩니다. 대개 초간택의 후보는 30명 안팎, 재간택 후보는 5명에서 7명, 삼간택 후보는 3명을 뽑고 그들 중 한 명이 최종적으로 확정된답니다. 물론 이것은 왕비나 세자빈을 뽑는 절차이고, 일반 왕실의 혼인에서는 초간택이나 재간택에서 확정됩니다.

그러면 왕비나 세자빈 후보 중에 삼간택에서 탈락한 두 명은 어떻게 될까요? 조선 시대에 다른 남자에게 시집갈 후보로 정해진다는 것은 다른 곳으로 시집가기가 매우 어렵게 되었다는 뜻이었습니다. 일반 양반 가문에서 삼간택까지 올라간 처녀를 며느리로 받아들이지 않으려고 했기 때문입니다. 그래서 두 명은 원하면 후궁이 되기도 했습니다. 하지만 삼간택까지 올라갔다고 해서 반드시 후궁이 되는 것은 아니었습니다.

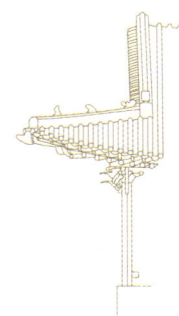

　간택일은 점을 쳐서 정하게 되는데, 간택일에 처녀들이 대궐에 들어오면 넓은 마루에 모아 놓고 각자 자리 앞에 아버지의 이름을 써 붙이도록 했습니다. 처녀들에겐 각각 차와 과자, 과일을 먹어 보도록 해서 왕과 왕비가 발을 드리운 안쪽에서 처녀들의 행동거지를 살펴보았습니다. 또 궁녀들은 그들을 직접 관찰하고 의견을 내놓았습니다.

　이런 과정을 거쳐 삼간택에서 마지막으로 선택된 처녀는 집으로 돌아가지 않고 곧장 별궁으로 들어가 가례(왕이나 세자의 혼례) 전까지 궁중 생활을 위한 교육을 받아야 했습니다. 교육 기간은 얼마나 되냐고요? 대략 두 달쯤 됐습니다.

　왕비나 세자빈으로 뽑히기 위해선 먼저 뛰어난 가문의 후예로서 부친의 지위가 높지 않은 집안의 딸이어야 하며, 혈통과 가문은 좋되 재산과 권력은 없어야 했습니다. 이것은 사치와 교만을 멀리하고 동시에 외척의 권력 독점을 막겠다는 의미였습니다. 거기에 용모가 단아하고 국모로서 덕을 지녀야 했답니다. 하지만 이것은 그야말로 유명무실한 원칙에 불과했습니다. 정치적인 배려에 의해서 간택되는 경우가 대부분이었기 때문이지요.

　사실, 아주 가난한 집안인 경우엔 간택에 참가할 엄두조차 내지 못했습니다. 처녀가 대궐에 입고 들어갈 옷과 가마, 그리고 유모를 비롯한 수행원들의 옷까지 마련하자면 많은 돈이 들었기 때문이지요. 이런 이유로 처녀단자를 올리는 것을 기피하는 사람들도 있었는데, 그 사실이 탄로날 경우엔 형벌을 당하게 되므로 가난한 양반들은 간택령을 달가워하지 않았습니다.

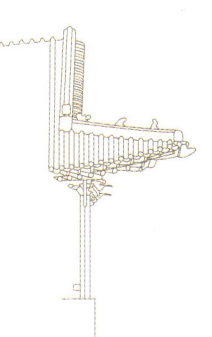

형벌이 무서워 빚을 내 간택에 참가하는 경우도 많았는데, 대표적인 인물이 사도세자의 부인 혜경궁 홍씨였습니다. 그녀는 《한중록》에 세자빈으로 간택될 당시에 돈이 없어 빚을 내야 했다고 썼답니다. 국명을 어길 수 없어 마지못해 단자를 올렸지만, 옷 치장 등에 드는 비용 때문에 빚을 내야만 했었다는 것이지요.

이런 고통이 있었기 때문에 초간택에 단자를 낸 집안이 서른 곳도 되지 않는 경우도 있었고, 그럴 경우 간택이 연기되고 간택 업무를 맡은 관원이 문책을 당하기도 했습니다.

실제로 간택은 조선 후기로 갈수록 보여 주기 위한 행사가 되어 버렸습니다. 이미 왕비나 세자빈이 어느 정도 결정된 상태에서 형식적으로 간택이 이뤄지는 경우가 많았던 탓입니다. 조선 후기의 노론 집권기엔 노론 집안의 딸이 아니면 왕비가 될 수 없었던 점을 봐도 쉽게 확인됩니다.

비록 형식적이었지만 왕비나 세자빈의 간택은 필요한 조치였습니다. 일부 권력을 가진 집안에 한정되긴 했지만, 왕이 며느리를 직접 고른다는 의미가 있었기 때문이지요. 그러나 부마와 군부인 간택에 대해선 비판받을 부분이 많았습니다. 실제로 율곡 이이는 한 사람의 왕자나 공주의 혼인을 위해 선비 집안의 여러 처녀와 총각들이 간택에 참여하는 것은 옳지 않다고 지적했습니다. 또 국혼(세자나 왕의 결혼)까지도 중매로 해야 한다고 주장하기도 했습니다. 하지만 이 같은 비판에도, 간택은 조선의 마지막 왕 순종 대까지 이어졌답니다.

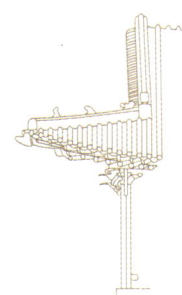

왕비의 결혼식은 어떻게 치렀을까?

　삼간택에서 배우자가 정해지면 드디어 가례(아름다운 예식)를 올리게 됩니다. 가례는 좁게는 관례나 혼례를 의미하지만 넓게는 왕의 등극이나 왕세자, 세손 등의 책봉 의식, 또는 대비나 왕대비에게 존호를 올리는 의식 등도 모두 가례라고 했습니다.

　관례는 일종의 성인식인데, 일반인은 20세, 천자나 제후의 경우에는 12세에 올리는 것이 원칙이었습니다. 하지만 이 원칙은 별로 지켜지지 않았고, 혼례를 치르기 전에 치르는 의식으로 변했답니다.

　왕가의 혼례에는 왕(비) 가례, 왕세자(빈) 가례, 왕세손(빈) 가례 등이 있었으며, 이들 혼례 절차는 거의 비슷했습니다.

　조선 시대엔 왕가의 혼례도 유교식으로 치렀습니다. 유교식 혼례는 흔히 '육례(六禮)'라고 하는데 의혼, 납채, 납폐, 친영, 부현구고, 묘현 등 여섯 가지 절차를 거칩니다.

　의혼(議婚)은 혼인할 뜻을 묻는 것인데, 백성들의 경우 중매를 넣어

서로 의논하지만, 왕가에서는 간택 과정이 여기에 해당하는 것입니다.

의혼이 이뤄지면 납채(納采)를 합니다. 남자 집에서 혼인을 하자고 예를 갖추면 여자 집에서 그것을 받아들이는 것이지요. 오늘날 약혼식에 해당하는데 《가례》에서는 이를 언정(言定), 즉 '말로 약속을 정하는 것'이라고 규정하고 있습니다. 납채의 원래 의미는 '채색 비단을 받아들인다'는 뜻입니다. 왜냐하면 청혼을 할 때 남자 집에서 여자 집에 사주를 써서 보내는데, 이때 청색과 홍색으로 된 치마와 저고리 감으로 쓸 비단을 함께 보내기 때문입니다. 이 비단을 받는 것을 '납채'라고 하는 것입니다. 왕가에서도 이 절차는 철저히 지켰답니다.

사주가 뭐냐고요? 흔히 사주팔자라고 하지요? 사주란 생년, 생월, 생일, 생시를 말하며, 이것이 여덟 자로 되어 있다고 해서 '팔자'라고 합니다. 옛날에는 이 사주팔자를 가지고 인생을 점치곤 했거든요. 그래서 납채를 할 땐 사주단자, 즉 사주팔자가 적힌 종이를 반드시 함께 보내 신부와 신랑의 사주를 비교해 서로 잘살 수 있을지 점치곤 했습니다.

납채가 끝나면 납폐(納幣)가 이루어집니다. '납채'니 '납폐'니 하는 말들이 한자로 되어 있어서 좀 어렵지요? 하지만 납이라는 글자의 뜻이 '받다'라는 의미인 것을 알면 좀 쉽게 이해될 거예요. 납폐는 정혼의 성립을 위해 남자 집에서 여자 집에 선물을 보내는데, 이 선물을 받아들이는 것을 말합니다. 여기서 '폐'는 비단을 의미하는데, 당시 선물 중에서 비단이 으뜸이었기 때문에 쓰인 것입니다. 이때 선물은

함에 넣어 보내는데, 이 때문에 납폐를 흔히 '함 보낸다'라고도 하지요. 납폐 함에는 신랑 집에서 혼인을 허락해 달라는 편지를 함께 넣는데, 신부 집은 이를 받아 답장을 써 주게 되어 있습니다.

　납폐가 이뤄지면 결혼은 한 것이나 다름없게 됩니다. 그래서 친영(親迎)이 이뤄지는 것입니다. 말 그대로 직접 신랑과 신부가 만나는 의식을 말하지요. 이때 신랑이 신부 집으로 가서 신부를 데려옵니다. 그래서 친영을 흔히 '장가간다'고 합니다. 하지만 왕은 직접 데려올 수 없으므로 대신 사람을 보내 왕비를 맞아오도록 합니다.

　부현구고(신부가 시아버지와 시어머니를 만나는 일)는 시집간 신부가 첫날밤을 치른 뒤에 시부모를 뵙는 의식입니다. 또 묘현(廟見)은 시집온 신부가 사흘 만에 사당의 조상님들을 뵙는 의식입니다. 왕비나 세자빈의 경우 이 행사를 종묘에서 하게 되지요.

　왕비는 이 외에도 중국 황제의 고명(황제나 왕의 임명장)을 받는 절차가 남아 있지만, 이것은 대개 형식적인 것에 불과하므로 묘현까지 이뤄지면 혼례 절차는 모두 끝나게 됩니다.

정순왕후가례도감(부분) 영조와 정순왕후의 혼례식을 묘사한 가례도감의궤이다. 그림 속에서 정순왕후의 가마가 보인다.

왕비의 임무와 권한은 무엇일까?

왕비는 국부인 왕의 정실부인이며, 동시에 국모입니다. 그런 까닭에 막중한 임무와 권한을 동시에 갖게 됩니다.

왕비의 임무 중에 가장 중요한 것은 역시 왕위 계승권자, 즉 세자를 낳는 일입니다. 나라가 안정되기 위해서는 적통(왕비에게서 태어난 자식)의 왕자가 왕위를 이어야 하기 때문이지요. 그런데 왜 꼭 아들이어야 하냐고요? 조선 시대엔 유학의 예법에 따라 아들만 대를 이을 수 있도록 법으로 정했기 때문입니다. 하지만 신라 시대엔 딸이 왕위를 이은 적도 있답니다. 그러니 꼭 아들이 대를 잇는 것이 우리의 전통이라고 생각할 필요는 없습니다.

그런데 만약 왕비가 아들을 낳지 못하면 왕위는 어떻게 될까요? 당연히 왕비가 낳지 않은 아들, 즉 후궁의 아들에게 넘어가겠지요? 그 후궁의 아들들을 '서자'라고 합니다. 하지만 서자가 왕이 되면 나라가 혼란스러워질 수도 있답니다.

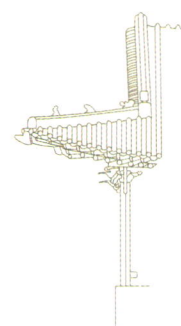

　왜냐하면 서자를 세자로 삼게 되면 그 과정에서 권력 다툼이 생길 소지가 짙기 때문이지요. 즉, 장남이 꼭 세자가 되란 법이 없었기 때문에 서자들끼리 서로 왕위에 오르려고 싸움을 벌이기 십상인 것이지요. 그리고 신하들도 패를 나눠 싸우게 됩니다. 그래서 서자가 왕위에 오르기 위해서는 신하들의 힘에 기댈 수밖에 없게 되고, 왕위에 올라도 서자 출신의 왕은 힘이 약할 수밖에 없었던 것이지요.

　조선은 왕실과 양반을 막론하고 모두 본처에게서 태어난 아들이 대를 잇는 것을 원칙으로 삼았습니다. 그런 까닭에 적자를 낳지 못한 왕비는 발언권이 약해질 수밖에 없었으며, 친정의 권세도 함께 추락했답니다. 그렇기 때문에 반드시 아들을 낳으려고 애를 썼지요.

　왕비의 다음 임무는 궁중의 어른들을 잘 모시는 일입니다. 궁중엔 선왕의 부인인 왕대비 또는 대왕대비 같은 어른들이 있게 마련인데, 왕비는 이들을 잘 받들고 섬겨야 했습니다.

　내명부를 관리하고 감독하는 것도 왕비의 임무입니다. 내명부란 벼슬을 받은 여자들 중에서 대궐에서 생활하는 사람들을 모두 가리키는 말입니다. 구체적으로 보자면 종4품 숙원에서 정1품 빈에 이르는 작위를 받은 왕의 후궁들, 종5품 소훈에서 종2품 양제에 이르는 세자의 후궁들, 그리고 세자빈, 세손빈과 종9품에서 정5품으로 이뤄진 궁관들이 모두 내명부에 해당합니다. 흔히 나인과 상궁으로 구분되는 궁녀는 평균 600명 정도 있었고, 여기에 왕과 왕세자, 왕세손의 후궁과 빈을 합치면 그 수가 만만치 않았습니다.

　왕비는 내명부뿐 아니라 외명부도 신경을 써야 했습니다. 외명부는 작위를 가졌지만 궁궐 바깥에 사는 여자들을 일컫습니다. 기본적으로 모든 관리의 아내는 외명부에 속합니다. 관리의 아내는 남편의 관직에 따라 의례적으로 명부(벼슬을 받은 여자)가 되기 때문입니다. 외명부는 종9품 유인에서 정1품 부부인에 이르기까지 다양한데, 이들 중에서 종친의 부인들이 왕비가 주로 신경 써야 할 사람들이며, 정2품 이상의 신하들의 부인도 가끔 만나야 했습니다. 왕비는 이들에게 잔치를 베풀기도 하고, 함께 행사를 치러야 할 때도 많았기 때문입니다.

이 외에도 왕비가 신경 써야 할 사람들이 또 있습니다. 바로 공주와 옹주, 군주, 현주들입니다. 공주와 옹주는 왕의 적녀와 서녀를 말하고, 군주와 현주는 세자의 적녀와 서녀를 가리킵니다. 왕비는 이들의 교육에 대해서도 신경을 써야 합니다. 이들 중에서 공주와 옹주는 벼슬을 받지 않기 때문에 명부에 속하지 않지만, 현주는 정3품, 군주는 정2품의 명부를 받습니다. 하지만 군주와 현주를 다른 외명부와 똑같이 취급할 수는 없었는데, 모두 왕비의 손녀들이기 때문입니다.

이렇듯 왕비는 주로 궁궐 안의 여자들을 단속하는 일을 했습니다. 그런 일들은 왕비의 임무이면서 권한이기도 했답니다.

왕비의 권한 중에서 가장 중요한 것은 섭정권입니다. 섭정이란 왕을 대신해 정치하는 것을 말합니다. 왕이 일찍 죽어 왕위를 이은 세자가 너무 어리면, 왕비는 수렴청정을 통하여 섭정할 수가 있었습니다. 이때 왕위를 잇는 사람은 반드시 적자이거나 아들일 필요는 없었습니다.

조선의 왕비 중에 섭정권을 행사했던 사람은 세조의 왕비 정희왕후를 비롯해서 중종비 문정왕후, 명종비 인순왕후, 영조비 정순왕후, 순

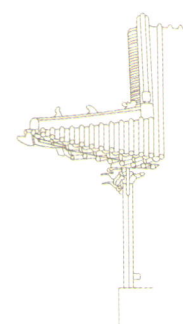

조비 순원왕후, 익종비 신정왕후 등이었습니다.

이들이 섭정권을 행사할 땐 대비의 신분이었지만, 반드시 왕비를 했던 사람만이 섭정을 할 수 있었습니다. 그러나 그 상황이 모두 같았던 것은 아닙니다.

정희왕후는 아들 예종을 대신해 섭정을 했고, 손자 성종이 왕위에 올랐을 때도 섭정을 했습니다. 즉, 두 왕에 걸쳐 섭정을 했던 것이지요. 순조비 순원왕후도 두 왕에 걸쳐 섭정을 했습니다. 손자 헌종이 어린 나이에 왕위에 올랐을 때 섭정을 했고, 철종 대에도 섭정을 했습니다.

영조비 정순왕후는 증손자 순조를 대신해 섭정을 했습니다. 사실 순조의 어머니는 정조의 후궁이었던 수빈 박씨였지만, 후궁 출신은 섭정을 할 수 없었기 때문에 대왕대비였던 그녀가 섭정했던 것입니다.

중종비 문정왕후는 아들 명종이 어린 탓에 섭정을 했지만, 인순왕후와 신정왕후의 경우엔 달랐습니다. 즉, 명종비 인순왕후는 아들을 낳지 못해 왕족 중에서 양자를 입양시킨 뒤 왕위에 앉혔습니다. 그 왕이 바로 선조인데, 인순왕후는 어린 선조를 대신해 수렴청정을 했습니다.

익종비 신정왕후도 고종을 양자로 삼아 섭정을 했답니다. 신정왕후의 경우엔 특이한 면이 있는데, 섭정을 한 다른 왕비들은 모두 중전 시절을 겪었지만 그녀는 중전이 된 적이 없었습니다. 그녀는 순조의 아들 효명세자(익종)와 결혼하여 세자빈에 책봉되었으나 효명세자가 일찍 죽는 바람에 중전의 자리에 오르지 못했습니다. 그 후 자신의 아들 헌종이 왕위에 올라 아버지인 효명세자를 익종으로 추존한 뒤에야 왕비에 책봉되었고, 그 덕분에 섭정할 수 있었던 것이지요.

왕비가 가지는 또 하나의 중요한 권한은 세자에게 왕권을 주는 권한입니다. 왕이 죽고 나면 세자가 왕위를 잇는 것이 당연하지만, 이때 세자는 왕의 상징인 옥새를 왕의 시신이 모셔진 빈전에서 전해 받아야 합니다. 이때 세자에게 옥새를 내려 주는 사람은 다름 아닌 선왕의 왕비였습니다. 즉, 왕이 죽으면 왕비는 왕을 대신해 왕위 계승권자에게 왕위를 부여해 주는 권한을 가졌던 것입니다. 대개 형식적인 절차에 불과했지만, 왕이 미처 왕위 계승권자를 결정하지 못한 상태에서 죽을 경우엔 그렇지 않았답니다.

이런 사례는 많습니다. 예종이 죽고 나서 성종의 왕위 계승을 결정한 사람은 세조비 정희왕후였습니다. 정희왕후는 당시 예종과 함께 편전에서 수렴청정을 하고 있었기 때문에 다음 왕을 결정할 권한이 있었던 것이지요.

명종이 죽고 나서 선조에게 왕

영조 옥새 영조 옥새는 거북이 모양의 손잡이를 하고 있으며 합금으로 만들어졌다.

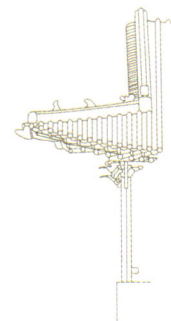

위를 잇게 한 것도 명종비 인순왕후의 결정이었습니다. 당시 명종에 겐 세자가 없었기 때문에 인순왕후만이 다음 왕을 결정할 권한을 가지고 있었답니다.

광해군의 즉위도 인목대비의 허락이 없었다면 힘들었을 것입니다. 광해군이 비록 세자에 책봉되긴 했지만, 선조는 광해군에게 왕위를 물려주겠다는 말을 하지 않은 채 죽었기 때문에 인목대비의 결정에 따라 왕위가 광해군에게 전해지지 않을 수도 있었습니다. 만약, 그때 인목대비가 자신의 아들이자 적자인 영창대군에게 왕위를 잇게 하고, 자신이 섭정을 한다고 해도 광해군은 어쩔 수 없었다는 뜻이지요.

이렇듯 왕비에게 주어진 왕위 부여권은 때에 따라선 매우 중요한 기능을 했습니다. 왕비에게 이런 중요한 역할을 맡긴 것은 왕이 없을 때에 왕권을 대행할 수 있는 권한이 왕비에게 있었기 때문입니다.

사실, 왕비는 모든 면에서 왕과 동등한 대접을 받을 권리가 있었습니다. 그렇기 때문에 왕비도 '전하'라고 불리고, 왕비의 무덤도 '능'이라고 하며, 왕비의 신주도 왕과 함께 나란히 종묘에 모셔졌습니다. 말하자면 부부는 평등하다는 뜻이지요.

왕비의 생활 모습은 어떠했을까?

왕비의 생활공간

조선 왕조의 정궁 경복궁에서 왕비가 생활하던 곳은 어디일까요? 바로 교태전입니다. 임금의 침전(잠자는 곳)인 강녕전 바로 뒤쪽에 담 하나를 사이에 두고 자리해 있는데, 왕비가 생활하는 곳인 만큼 150여 채의 경복궁 건물 가운데 가장 화려하게 치장된 곳이랍니다. 건물 주변은 모두 높은 담으로 둘러쳐 있어서 신하들의 접근이 완전히 차단되었고, 그 뒤에 넓은 후원이 있으며, 후원에는 산책을 즐길 수 있는 아미산과 향원정이 있습니다.

건물의 크기도 다른 건물들보다 아주 큽니다. 정면이 9칸, 측면이 5칸으로 총 45칸이나 되는 큰 건물인데, 다른 건물에 비해 형태가 매우 특이합니다. 건물 가운데에 큰 대청마루가 있고, 그 좌우에 3칸짜리 온돌방이 하나씩 있습니다. 그런데 이 두 개의 방은 우물 정(井)자 모양으로 칸막이를 두고 있는데, 장지문을 닫으면 순식간에 9개의 방으

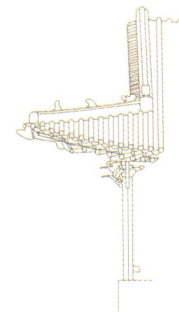

로 변하게 됩니다. 물론 크기는 같지 않습니다. 가운데 큰 방이 하나 만들어지고 나머지 방들은 방을 감싸는 통로 구실을 하게 되지요. 이 가운데 방에서 왕과 왕비가 잠을 잡니다.

이렇게 방을 만든 것은 왕과 왕비의 신변을 보호하기 위해서입니다. 사방 어디에서도 침입자가 들어오지 못하게 하기 위한 것이지요.

왕과 왕비가 잠이 들면 둘레방 하나에 한 명씩 상궁들이 밤을 새며 지켜야 합니다. 혹 상궁들이 변심해 왕과 왕비에게 해를 입힐 수도 있으므로 상궁들이 지키고 있는 둘레방의 통로문은 반드시 열어 둡니다. 서로가 서로를 감시하는 것이지요. 물론 교태전 둘레는 모두 내시들과 금위병들이 사방을 지킵니다.

교태전은 내전인 만큼 왕비의 허락 없이는 아무도 들어가지 못합니다. 물론 왕도 왕비가 문을 열어 주지 않으면 들어가지 못합니다. 강녕전과 교태전 사이에 통하는 문이 있는데, 문을 여닫는 걸쇠가 교태전 쪽에 있기 때문에 왕비가 걸쇠를 걸면 왕이 아무리 건너가고 싶어도 갈 수가 없답니다.

왕과 왕비가 합궁을 하면 둘레방에 머물던 상궁들은 밖으로 나가 대기하고, 나이 많은 상궁 세 명이 자리를 지킵니다. 그리고 두 사람의 합궁이 끝나면 밖에 있던 상궁들이 다시 들어와

교태전 궁궐에서 가장 깊숙하고 중심이 되는 곳에 있는 왕비의 침전이다. '중궁전' 이라고도 한다.

둘레방을 지킵니다.

왕이 죽고 왕비가 대비가 되면 생활공간은 교태전에서 자경전으로 옮겨집니다. 자경전은 교태전 후원의 아미산 동쪽에 자리하고 있습니다. 규모는 교태전보다 조금 작은데, 정면 10칸에 측면 4칸으로 된 총 40칸 건물입니다.

자경전은 교태전의 뒤쪽에 있는 만큼 여기에 머물게 되면 그야말로 뒷방으로 물러앉은 '뒷방 늙은이' 신세가 됩니다. 왕이 성숙해 친정을 하고 있는 상황이라면 이때부터 왕비가 가졌던 수많은 임무와 권한은 거의 모두 사라지게 됩니다. 그저 조용히 후원이나 지키며 노년을 즐기며 지내야 하는 것이지요.

왕비가 입는 옷

왕비가 공식적으로 입는 옷에는 적의와 당의, 원삼이 있습니다. 적의는 왕비가 공식 행사 때 입는 대례복인데, 고려 공민왕 때부터 이 옷을 입기 시작했답니다. 적의를 입을 땐 일곱 마리의 휘(꿩)와 두 개의 봉화로 장식된 칠휘이봉관을 씁니다. 이것은 명나라 왕족 여자들이 착용하던 복식인데, 나중에 고종이 황제에 오른 뒤에는 명나라 황후

적의 영장비가 입던 적의이다.

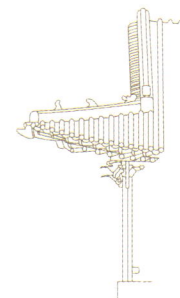

가 썼던 구룡사봉관(아홉 마리 용과 네 개의 봉화)과 적의를 입었습니다.

당의는 원래 당나라의 옷에서 유래했다고 해서 붙여진 이름입니다. 이 옷은 백성들의 신부 예복으로 쓰이기도 했습니다. 하지만 궁중에서는 평상복으로 쓰였는데, 계절마다 색깔과 옷감이 달랐습니다. 조선의 당의는 중국의 것을 변형시킨 것이었습니다. 이 옷은 겨드랑이 아래쪽이 모두 터져 있으며, 길이는 엉덩이까지 이르렀답니다. 모양은 평소에 입는 저고리와 비슷했습니다. 하지만 왕비의 당의는 일반 당의와 조금 차이가 있었습니다. 가슴 한가운데와 어깨에 금으로 짠 용이나 봉 문양을 넣는 것이 가장 두드러진 차이였지요.

원삼은 앞깃이 둥글기 때문에 붙여진 이름입니다. 원래 조선 초에 명나라에서 들여온 것인데, 조선에서 모양을 변형시켜 예복으로 썼지요. 왕비를 비롯한 세자빈, 세손빈은 적의를 대례복(큰 행사에 입는 옷)으로 썼기 때문에 원삼은 소례복(작은 행사에 입는 옷)에 착용했지만, 대군부인 이하 상궁과 관직자 부인은 원삼을 대례복으로 썼답니다.

원삼은 지위에 따라 색깔이 달랐습니다. 황후는 노란색, 왕비는 붉은색, 비빈은 보라색, 공주와 옹주, 양반가의 부녀는 초록색 원삼을 입

당의 영왕비가 입던 당의이다.

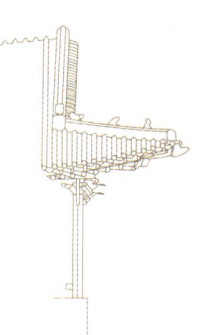

원삼 영왕비의 대홍원삼이다. 금박이 들어간 화려한 무늬가 돋보인다.

었습니다. 또 겨울에는 단(비단으로 만든 것)을, 여름에는 사(명주실로 얇게 짠 것)를 사용해서 원삼을 만들어 입었답니다.

원삼 속에는 치마저고리를 입는데, 황(노란)원삼에는 용 문양, 홍(붉은)원삼에는 봉 문양, 녹(녹색)원삼에는 꽃문양을 새겼습니다.

궁중 여인들이 원삼을 입을 땐 머리 중앙에 어염족두리를 올리고, 그 위에 어여머리를 돌려 큰머리를 한 뒤, 봉황이 그려진 비녀와 떨잠으로 장식을 했습니다. 떨잠이란 계속해서 떨리는 머리핀인데, 대개 둥근 모양이었습니다.

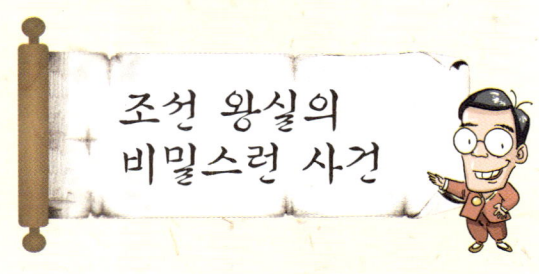

조선 왕실의 비밀스런 사건

이이첨의 밀명으로 살해된 임해군

임해군은 제15대 광해군의 동복형(어머니가 같은 형)입니다. 그런데 성질이 포악하고 행동이 난폭해서 장남인데도 왕위를 물려받지 못했지요. 임진왜란 중에는 왜군에게 붙잡혀 선조를 무척 난처하게 만들었고, 왜란이 끝난 뒤에는 동생에게 세자 자리를 빼앗겼다는 자괴감으로 행동이 더욱 거칠어졌답니다. 선조가 죽고 광해군이 즉위한 뒤에도 행동을 함부로 하여 간관들의 탄핵을 받았고, 급기야 유배되어 살해되었습니다.

선조 대부터 그에 대한 탄핵 상소는 무수히 많았는데, 모두 폭행을 일삼는 그의 못된 행동 때문이었지요. 사실, 그는 광해군에겐 몹시 부담스런 존재였는데, 그 때문에 조정 대신들은 그를 지방으로 보내 살도록 해야 한다고 주장했습니다.

선조의 상중인 1608년 2월 14일에 장령 윤양과 지평 민덕남, 헌납 윤효선 등 간관들이 함께 상소를 올려 임해군을 유배시킬 것을 요구했습니다. 탄핵의 이유는 임해군이 선조 임종 전부터 이름 있는 장수들과 결탁하고 가병을 거느리고 다녔으며, 선조의 임종 날에도 대궐을 몰래 빠져나가 가병을 지휘한 흔적이 있으므로 명백하게 역모라는 것이었지요. 하지만 광해군은 동복형을 벌줄 수 없다며 거절했고, 이항복도 임해군이 빈소를 지키고 있었는데, 역모를 꾀하는 것은 옳지 않다며 반대했습니다. 하지만 얼마 뒤 임해군이 여자

로 변장해 궁궐을 빠져나가다 붙잡히는 바람에 이항복의 주장은 힘을 잃었지요.

당시 임해군은 주변의 불량배들과 어울려 다녔는데, 선조의 상중에도 그들을 자기 집으로 끌어 모으기도 했습니다. 간관들이 가병이라고 했던 이들이 바로 그들이었습니다.

광해군은 임해군과 어울려 다니던 불량배들을 모두 잡아들여 포도청에 가두는 것으로 사건을 마무리 지으려 했지요. 그런데 이산해, 이원익, 이덕형 같은 대신들이 임해군을 절도에 귀양 보내는 것이 임해군의 목숨을 지키는 길이라며 유배시킬 것을 강력하게 주장했습니다. 결국, 광해군은 대신들의 주장을 받아들여 임해군을 강화도 교동도에 유배시켰습니다.

그 뒤로도 임해군은 역모를 꾀한 역도이므로 죽여야 한다는 상소가 숱하게

이어졌지만, 광해군은 받아들이지 않았습니다.

그 무렵, 명나라에서 광해군이 장자를 제치고 왕위를 이은 과정이 석연치 않다고 하며 현장 조사를 오겠다는 연락이 왔습니다. 조선에서는 임해군이 병이 있기 때문에 광해군이 왕위를 이었다고 했는데, 정말 임해군이 병을 앓고 있는지 조사하겠다는 것이었지요. 명나라는 만해민과 엄일괴를 사신으로 보냈고, 조선 조정은 임해군과 그들을 만나게 했습니다.

명나라 사신이 올 무렵 임해군을 죽여야 한다는 상소가 빗발쳤지만, 광해군은 받아들이지 않았습니다. 그러나 명나라 사신들이 돌아간 뒤에 당시 집권당이던 대북파의 이이첨 등은 여러 차례 기회를 엿보다가 1609년 4월에 은밀히 사람을 시켜 임해군을 목졸라 죽였습니다.

당시 사람들은 교동도 현감 이직이 임해군을 죽였다고 생각했지요. 처음에 임해군이 교동도에 유배되었을 때 그곳의 현감이 이현영이었습니다. 이현영은 이이첨의 먼 친척이었지만, 이이첨이 임해군을 죽이라는 암시를 하자 화난 얼굴을 보이며 그 말을 듣지 않았습니다. 그러자 이이첨은 사람을 시켜 이현영을 탄핵하여 현감에서 내쫓고, 이직을 후임 현감으로 보내 임해군을 죽인 것으로 보입니다.

인조반정 이후에 임해군의 가족들이 사건을 조사하면서 임해군의 관을 열어 시신을 확인해 보니, 묘하게도 시신이 전혀 썩지 않은 채 누워 있었다고 합니다. 그리고 시신의 목에 새끼줄 자국이 선명하게 남아 있었다고 합니다. 하지만 그것은 광해군이 이이첨을 시켜 임해군을 죽인 것으로 몰기 위해 의도적으로 꾸민 말인 듯합니다. 이이첨이 이직을 시켜 죽였다는 심증은 있지만 그에 대한 명백한 증거를 찾지 못하자, 썩어 없어진 시신을 근거로 광해군의 수하 이이첨이 임해군을 죽였다는 것을 사실로 만들려고 했던 것이지요. 광해군을 패륜아로 몰아붙일 필요성이 있었던 인조 측은 고의로 《광해군일기》에 그런 내용을 추가해 놓았답니다.

하지만 임해군이 죽은 날짜가 정확하지 않은 점과 임해군이 죽은 뒤에도 한참 동안 그 사실이 조정에 보고되지 않았던 사실을 감안해 보면, 이이첨이 사람을 시켜 그를 죽였다는 추론은 사실에 가까운 듯합니다.

제3장
후궁은 어떻게 살았을까?

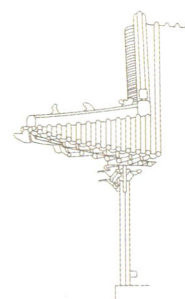

후궁 제도는 언제 생겼을까?

조선 왕조에서 왕이 후궁을 맞아들이는 제도는 태조와 정종 대에는 마련되지 않았고, 태종 대에 와서 처음 만들어졌습니다. 처음엔 중국의 '일취구녀제'(아홉 명의 부인을 두는 제도)에 근거하여 1왕비, 3세부, 5처 제도를 택했습니다. 그리고 세부를 '빈(嬪)'이라 하고, 처를 '잉(媵)'이라 하여 '3빈 5잉 제도'를 도입했던 것이지요.

그러나 일취구녀제는 황제에게 맞는 제도였으므로, 태종은 조선이 중국의 신하라고 해서 중국 제후의 신분에 맞는 처첩 제도로 바꿨습니다. 이것이 '제후부인삼궁'(제후는 세 명의 부인을 두는 제도)의 관례에 따라 마련한 '1빈 2잉 제도'입니다. 하지만 태종뿐만 아니라 조선의 어느 왕도 이 원칙을 지킨 경우는 없었습니다. 태종은 중국 황실을 의식해 법적으로는 '1빈 2잉'을 제도로 만들었지만, 스스로 이 법을 지키지 않았던 것입니다.

후궁은 왕비 외에 임금이 거느린 처와 첩을 모두 일컫는 말인데, 대개 종4품에서 정1품의 작위를 받은 내명부들입니다. 이들 벼슬을 구체적으로 나열하면 종4품 숙원, 정4품 소원, 종3품 숙용, 정3품 소용, 종2품 숙의, 정2품 소의, 종1품 귀인, 정1품 빈 등입니다.(세자의 후궁에겐 종5품에서 종2품까지의 벼슬을 내렸다.)

그러나 조선 초에는 후궁들의 벼슬 이름이 정해지지 않아서 후궁을 대개 빈(嬪), 비(妃), 궁주(宮主), 옹주(翁主) 등으로 불렀습니다.

그래서 태조 대의 후궁 칭호를 살펴보면 성비, 정경궁주, 화의옹주 등으로 불렀습니다. 이것은 숙원, 숙의 같은 구체적인 작호(작위에 주어 주는 이름)가 마련되지 않았다는 것을 보여 줍니다. 정경궁주는 원래 옹주로 삼았다가 궁주로 승격되었다고 기록되어 있는데, 궁주가 옹주보다는 한 단계 위였다는 것을 말해 주지요. 또 성비는 원래 빈이었다가 비로 승격된 기록이 있습니다. 이런 사실을 바탕으로 할 때, 태조 대의 후궁은 옹주, 궁주, 빈, 비의 단계로 승격되었다는 것을 알 수 있습니다.

정종의 후궁들을 살펴보면 빈이 1명, 숙의가 5명, 궁주가 1명이 있고, 나머지 2명에겐 칭호가 주어지지 않았습니다. 정종 대엔 숙의라는 작호가 처음으로 등장했지만, 체계적이지 못한 것을 알 수 있고, 여전히 궁주라는 칭호가 사용되고 있다는 것을 확인할 수 있습니다.

태종의 후궁으로는 빈이 5명, 숙의 1명, 옹주 1명이 있었습니다. 빈의 작위를 남발한 것으로 봐서 태종 대에도 후궁들의 작위 체계가 갖춰지지 않았다는 것을 알 수 있고, 여전히 옹주 칭호를 사용했다는 것

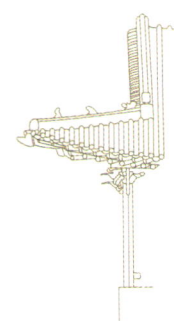

도 확인할 수 있습니다.

후궁 중에 제일 낮은 작위인 숙원의 칭호가 나타나는 것은 세종 대입니다. 세종의 후궁인 혜빈 양씨를 예로 들면, 그녀는 원래 후궁이 된 뒤에 숙원의 작위를 받았다가 귀인, 빈으로 승격한 것을 볼 수 있습니다. 그러나 세종 대에도 종4품 숙원에서 정1품 빈에 이르는 8개의 작호가 모두 보이지는 않습니다.

이 8개의 작호가 모두 발견되는 시점은 《경국대전》이 완성된 성종 대 이후부터입니다. 말하자면 후궁의 작위에 대한 법은 《경국대전》의 완성과 함께 구체적으로 확정되었던 것이지요.

후궁은 출신에 따라 어떻게 나뉠까?

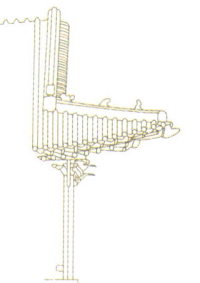

정식 후궁

후궁들은 출신에 따라 둘로 나뉠 수 있습니다. 첫째는 귀족 출신으로 정식 혼례 절차를 거쳐 후궁이 된 부류이고, 둘째는 집안은 좋지 않지만 임금의 성은(임금과 합궁하는 것)을 입어 후궁이 된 부류입니다. 그러나 두 번째 경우도 시비, 관비, 사비 같은 노비 출신과 관기나 창기 같은 기생 또는 과부 등으로 나뉠 수 있답니다.

후궁도 원칙적으론 왕비나 세자빈처럼 가례색(왕 또는 왕세자의 가례를 담당하는 부서)을 설치해 금혼령을 내리고, 간택을 거쳐 빙례(신부를 맞아들이는 예식)를 갖춰 맞아들여야 합니다.

정조의 후궁 원빈과 수빈은, 왕비가 자식을 낳지 못했기 때문에 자식을 얻기 위해 정식으로 간택해 후궁으로 삼은 여자들입니다. 하지만 이들을 빼곤 대부분의 후궁들은 정치적인 이유나 개인적인 관계에

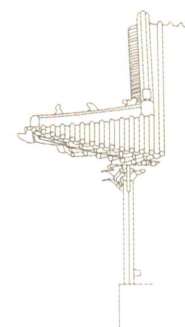

따라 결정되었습니다. 어쨌든 이렇게 정식으로 혼례 절차를 거쳐 후궁이 된 여자들은 모두 귀족 출신이었는데, 굳이 이름을 붙이자면 '정식 후궁'이라고 할 수 있습니다.

정식 후궁들은 때에 따라서 왕비가 되기도 했습니다. 대개는 왕비가 죽으면 새로운 왕비를 간택하는 것이 관례였지만, 왕의 뜻에 따라서 후궁이 왕비가 되는 경우도 여러 차례 있었습니다. 문종비 현덕왕후, 성종의 폐비 윤씨(연산군의 어머니)와 정현왕후(중종의 어머니), 중종비 장경왕후 등이 그랬답니다.

비록 왕비가 되진 못했지만 왕의 어머니가 된 정식 후궁도 몇 명 있었습니다. 바로 광해군의 생모 공빈 김씨, 순조의 어머니 수빈 박씨입니다. 하지만 광해군이 폐위되었기 때문에 엄밀한 의미에서 수빈 박씨만이 이 경우에 해당하지요.

왕비에 오르지 못했지만 왕의 생모인 경우엔 나름대로 특별한 문안을 받기도 했습니다. 또 죽은 뒤에는 무덤을 '능(陵)'이라고는 불리지는 못했지만, 세자의 무덤과 동격인 '원(園)'의 칭호를 얻었습니다. 또 위패도 특별한 곳에 따로 모셔졌답니다.

궁관 출신의 후궁

귀족 출신의 정식 후궁 외의 후궁들은 대부분 궁관(궁녀) 출신이었는데, 이들의 수가 가장 많았습니다. 궁관은 대개 중인 출신인데, 조선 시대에 궁궐에서 지냈던 궁관의 수는 평균 600명 정도였습니다. 이들에게는 종9품에서 정5품까지의 벼슬이 내려졌는데, 대개 상궁과 나인으로 구분되었습니다.

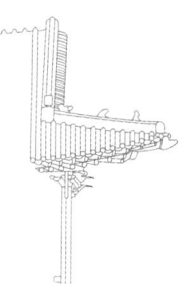

상궁은 궁관 중에서 가장 높은 정5품 벼슬만을 가리키는 용어인데, 종6품 이상의 궁관을 대개 '상궁'이라 불렀습니다. 종6품 이상의 궁관에게만 상정, 상침, 상복, 상궁 등 '상(尙)'자가 붙은 벼슬을 내렸기 때문입니다. 그리고 7, 8, 9품의 궁관을 통틀어 '나인(內人)'이라고 불렀습니다. 이것은 원래 궁관을 궁궐 안에서 생활한다고 하여 '내인'이라고 부른 데서 비롯되었답니다.

궁관과 후궁은 모두 내명부에 속합니다. 후궁들은 1품에서 4품 벼슬을 받고, 궁관들은 5품에서 9품 벼슬을 받습니다. 후궁과 궁관은 벼슬만 차이 있는 것이 아니라 임무도 확연히 달랐습니다. 궁관은 직책에 따라 고유한 업무와 근무 시간이 있으며, 궁관의 처소에서 공동생활을 해야 합니다. 하지만 후궁은 업무가 없고, 살 곳도 따로 마련되었으며, 근무 시간도 없었습니다. 그래서 궁관들은 후궁이 되기를 바랐답니다.

하지만 궁관이 후궁의 자리에 오르기 위해서는 왕의 성은을 입어야 합니다. 왕의 사랑을 받아 합궁을 해야만 한다는 뜻이지요. 일단 왕과 합궁을 한 궁관은 후궁으로 분류되어 궁관의 모든 업무에서 벗어나게 되고 머무는 곳도 따로 마련됩니다. 그러나 왕과 합궁을 했다고 해서 모두 종4품 이상의 작위를 받는 것은 아니었습니다. 원래 나인으로서 왕과 합궁하게 되면 후궁의 작위를 받지만, 상궁으로서 왕의 성은을 입을 경우엔 작위를 받지 못하는 것이 관례였습니다.

물론 이 경우도 꼭 지켜진 것은 아니었지요. 나인으로서 왕과 합궁

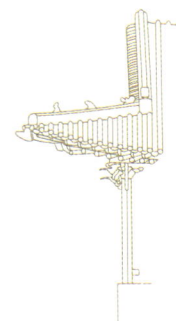

했어도 자식을 얻지 못하면 작위를 받지 못하는 경우도 있었고, 반대로 상궁이지만 왕의 자식을 낳아서 작위를 받은 경우도 있었기 때문이지요.

하지만 궁관 출신의 후궁들은 정식 후궁들과 달리, 왕비가 될 수 없었고 빈 작위를 받는 경우도 드물었습니다.(후궁 제도가 확립되지 않았던 조선 초에는 빈 작위를 받는 경우도 많았다.) 그러나 궁관 출신으로 왕비가 된 후궁이 전혀 없던 것은 아닙니다. 경종의 생모였던 희빈 장씨는 한때 왕비의 자리까지 올랐습니다. 비록 나중에 빈으로 강등되긴 했지만, 그녀는 궁관 출신으로 유일하게 왕비에 올랐던 여자였지요.

노비, 기생 출신의 후궁

귀족과 궁관 출신의 후궁들 외에 기생이나 노비, 과부 출신의 후궁들도 있었습니다. 우선 기생 출신으로 작위를 받은 후궁은 태조의 후궁인 화의궁주 김씨가 유일합니다. 화의궁주는 원래 김해의 기생이며, 이름은 칠점선이었습니다. 어떻게 해서 그녀가 태조의 후궁이 되었는지는 기록되어 있지 않지만, 기생 출신인 그녀가 후궁이 될 수 있었던 것은 그때까지 법이 제대로 마련되지 않았던 건국 초기의 특수성 때문이었을 테지요.

노비 출신의 후궁으로는 태종 대의 효빈 김씨를 비롯해, 연산군 대의 장녹수, 숙종 대의 숙빈 최씨 등 세 명입니다. 효빈은 태종의 집안 노비였고, 장녹수는 예종의 아들인 제안대군의 노비였습니다. 그리고 숙빈 최씨는 궁중에서 물을 길어 나르는 무수리였습니다.

이들이 후궁이 된 과정은 각각 다릅니다. 효빈 김씨는 태종이 왕이 되기 전에 시중을 들다가 첩이 되었고, 태종이 왕위에 오르고 난 뒤 후궁이 되었습니다. 장녹수는 원래 예종의 아들인 제안대군의 노비였으나 춤과 노래에 뛰어나 연산군의 눈에 들었고, 덕분에 입궐하여 후궁이 되었습니다. 그녀는 연산군의 폐위와 함께 작위가 박탈되었으나, 한때 숙원을 거쳐 소용의 작위를 받고 권세를 부렸습니다. 숙빈 최씨는 우연히 숙종의 눈에 들어 아들을 낳아 후궁이 된 여자입니다. 그녀의 아들이 바로 조선 왕들 중에 가장 오래 왕위에 있었던 영조입니다.

비록 자세한 기록이 남아 있지 않아 더 확인할 수 없지만, 이들 외에도 기생이나 천비 출신의 후궁들은 더 있을 것이라고 생각합니다.

왕의 아들을 낳긴 했지만 후궁의 반열에 오르지 못한 경우도 있었습니다. 대표적인 사람은 정종의 시비(시중드는 여종)였던 기매입니다. 그녀는 정종의 본궁 시비로 있다가 정종의 아들을 낳았지만, 신분이 너무 천한 탓에 후궁이 되질 못했습니다.

후궁 중엔 과부였던 사람도 있습니다. 정종의 후궁 가의궁주 유씨가 바로 그 주인공입니다. 그녀는 원래 반복해라는 남자에게 시집갔다가 반복해가 죽자, 왕위에 오르기 전의 정종에게 시집와서 장남 불

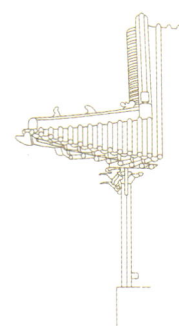

노를 낳았습니다. 하지만 정종은 불노를 아들로 인정하지 않았습니다. 유씨가 시집올 때 이미 불노를 임신하고 있었다는 것이 정종의 주장이었지요. 그러나 불노를 아들로 인정하지 않았던 진짜 이유는, 불노가 정치적인 희생양이 될까 두려워서였습니다. 불노는 정종의 장남이었는데, 절차대로 하자면 세자가 되어야 했지요. 하지만 정종은 태종 이방원을 대신한 허수아비 왕이었기 때문에 불노를 받아들일 수 없었던 것입니다. 불노를 받아들이면 이방원이 그냥 두지 않았을 테니까요. 후궁 문제에 있어서 정종은 특별한 사례를 하나 더 남겼는데, 바로 자매를 동시에 후궁으로 맞이했다는 것입니다. 정종의 후궁 중에 성빈 지씨와 숙의 지씨가 있는데, 이들은 친자매였습니다. 그런데 지씨 자매의 언니는 정종의 형 이방우의 아내였습니다. 정종은 형수의 두 여동생을 모두 첩으로 맞아들인 셈이었지요.

　이렇게 정종에게서 볼 수 있는 과부 결혼이나, 자매가 한 남자에게 시집오는 사례는 신라나 고려 사회에선 종종 볼 수 있었던 일이었습니다. 조선 시대에 이르러 많이 사라졌지만, 조선 초기만 하더라도 그런 풍습이 성행했다는 것을 알 수 있지요.

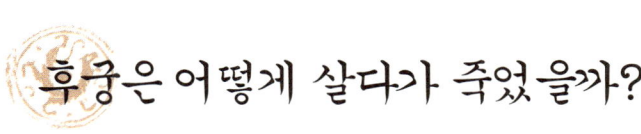 후궁은 어떻게 살다가 죽었을까?

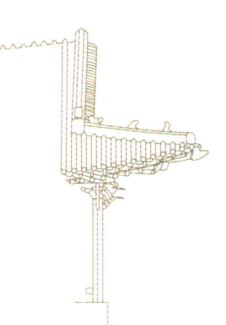

　후궁들에겐 특별한 업무가 없기 때문에 그들의 삶은 무료하고 단순할 수밖에 없었습니다. 그들의 임무란 것이 왕의 시중을 들거나 왕의 자식을 낳는 것에 한정되었기 때문입니다. 음식에 관한 일이나 육아, 교육 등은 거의 궁녀들이 해 줬기 때문에 육아나 교육에 대한 부담도 거의 없었습니다. 거기다 왕실 자손들은 12세를 전후해 혼례를 올리고 분가하거나 출가했기 때문에, 자식을 곁에 두고 오래 보지도 못했지요. 그러니 그들의 삶은 그야말로 왕을 기다리는 일이 전부라고 해도 지나친 말이 아니었답니다.

　후궁들은 항상 왕만 바라보고 살았기 때문에 왕의 사랑을 차지하려는 경쟁이 없을 수가 없었습니다. 경쟁이 지나쳐 싸움으로 번지는 경우도 많았고, 그것이 발각되어 궁궐에서 쫓겨나기도 했습니다. 더욱이 싸움의 상대가 왕비나 세자빈일 경우엔 죽음을 각오해야 할 때도

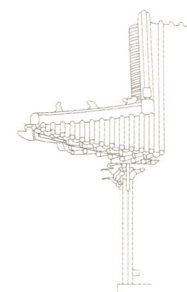

있었습니다.

　조선 왕실의 역사에서 이런 사건을 찾아내는 것은 어려운 일이 아닙니다.

　문종은 세자 시절에 두 번이나 결혼에 실패했는데, 따지고 보면 후궁과 세자빈 사이의 경쟁 때문이었습니다. 문종은 가례를 두 번 올려 세자빈을 맞아들였지만, 늘 아내가 마음에 들지 않았습니다. 그 바람에 질투의 화신이 된 세자빈이 남편의 사랑을 차지하기 위해 희한한 술책을 쓰다가 궁중에서 쫓겨났습니다. 그 뒤에 맞아들인 세자빈도 남편에게 사랑 받기를 지나치게 원하다가 쫓겨났습니다. 결국, 문종

은 사랑하던 후궁을 세자빈으로 삼았는데, 그녀가 바로 단종의 어머니 현덕왕후였답니다.

성종도 후궁 문제로 많은 사건을 일으킨 왕이었습니다. 성종은 왕비를 세 명 뒀는데, 두 번째와 세 번째 왕비는 모두 후궁 출신이었습니다. 둘째 왕비 폐비 윤씨(연산군의 어머니)는 후궁 시절엔 성종의 사랑을 받았지만, 왕비가 된 뒤에 성종이 다른 후궁을 좋아하자, 남편의 얼굴에 손톱자국을 내기도 했습니다. 그 일로 시어머니 인수대비의 노여움을 사서 폐위되었고, 그녀와 경쟁하던 후궁이 왕비가 되었으니, 바로 중종의 어머니 정현왕후였습니다.

왕의 사랑을 차지하기 위해 왕비와 후궁 사이에 벌어진 처절한 싸움은 숙종 대의 장희빈과 인현왕후의 싸움에 이르면 극에 이릅니다. 한낱 궁녀 출신의 후궁이 왕의 사랑 하나에 의지하여 내명부의 목줄을 쥔 왕비를 무너뜨리고 중전의 자리를 꿰찬 경우는 이 사건밖에 없기 때문입니다. 더구나 인현왕후의 복위(다시 자기 자리를 되찾는 것)와 장희빈의 몰락이라는 극적 요소까지 더해져 그야말로 한 편의 드라마를 방불케 했습니다. 그 때문에 장희빈과 인현왕후 이야기는 사극의 단골 소재가 되어 왔지요.

단순히 사랑싸움의 수준을 넘어서 왕위 계승권을 둘러싼 싸움이 더해지면 궁궐엔 한바탕 피바람이 불어닥치곤 했습니다.

중종의 사랑을 받던 경빈 박씨와 그녀의 아들 복성군의 죽음은 이런 이야기의 대표적인 예가 될 만합니다. 비록 서자이지만 왕의 맏아들을 낳은 경빈은 아들을 왕위에 올리기 위해 왕비와 대립합니다. 그

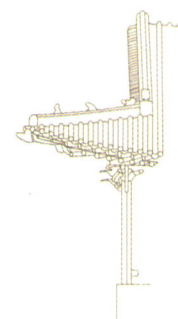

녀는 대담하게도 정치인들과 손을 잡는 일도 마다하지 않지요. 하지만 끝내는 정치적인 적들의 덫에 걸려 목숨을 잃은 비운의 여자가 되었답니다.

이렇듯 몇몇 후궁들은 왕의 사랑과 자식의 안전을 위해 목숨을 건 권력 투쟁을 하기도 했지만, 대부분의 후궁들은 조용히 살다가 이름 없이 사라졌습니다.

특히 왕이 죽고 난 뒤의 후궁의 삶이란 그야말로 적적하고 외로운 인생이었습니다. 한번 궁궐에 들어온 여자는 죄인의 신분으로 쫓겨나거나 죽기 전에는 바깥에 나가 살 수 없었습니다. 그런 까닭에 원칙적으로 후궁은 궁궐에서 살다가 삶을 마쳐야 했습니다. 하지만 아들을 둔 많은 후궁들은 늙으면 궁 밖으로 나가 아들과 함께 살았습니다. 물론 아들을 둔 모든 후궁이 그랬던 것은 아닙니다. 왕의 승낙을 받은 후궁들만 밖에 나가서 살 수 있었습니다. 아들과 함께 살지 못하는 후궁들은 도성 한쪽에 마련된 후궁들만을 위한 집에서 쓸쓸히 늙어 갔습니다.

후궁들은 왕이 죽은 뒤에 출가해 비구니가 되는 경우도 많았습니다. 후궁들이 출가하던 절은 도성 안에 있던 비구니 사찰인 정업원이었습니다. 정업원 제도는 고려 의종 전부터 있었는데, 주로 후궁이나 왕실의 과부들이 출가하던 절이었습니다.

정업원은 고려 시대엔 개성에 있었으나 조선이 개국되면서 한성의 창경궁 서쪽으로 옮겨졌습니다. 그 뒤, 유학자들이 없애자고 주장했지만 조선 중기까지 가까스로 유지되었지요. 하지만 선조 대에

112 | 조선 시대 왕실 사람들은 어떻게 살았을까?

사림 세력들이 없애자는 주장을 했고, 결국 선조는 정업원을 폐지했습니다.

정업원이 사라진 뒤에도 자식이 없던 후궁들은 출가하여 비구니로 살다가 남은 생을 마치곤 했습니다.

조선 왕실의 비밀스런 사건

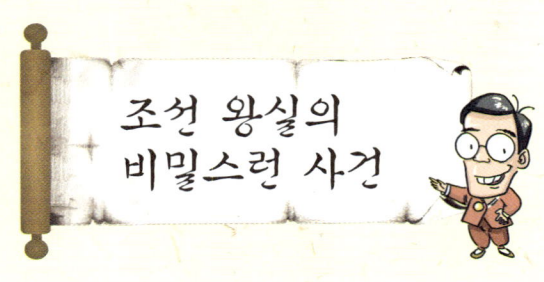

소명국의 음모에 억울하게 죽은 능창군

제16대 인조는 반정을 일으켜 왕위에 오른 임금입니다. 그런데 인조의 동생 능창군은 소명국이라는 자 때문에 죽음을 당했는데, 능창군의 죽음이 결국 인조반정의 원인이 된 셈이었지요.

익산의 진사였던 소명국이라는 자는 간악한 인물이었습니다. 그는 성균관에 입학했는데, 흉계를 잘 꾸미고 간사한 행동을 일삼았지요. 또 눈에 거슬리는 인물이 있으면 흉계를 꾸며 해를 입히고, 자신에게 이익이 되는 일이 있으면 가차 없이 상소를 올려 이익을 보았습니다. 그 바람에 사람들이 소명국을 매우 두려워했는데, 소명국의 그런 행동을 보다못한 익산의 선비들이 그에게 죄를 내려 달라고 청했지요. 대간이 선비들의 뜻을 받아들여 소명국에게 죄 줄 것을 청하자, 광해군은 그를 의금부에 가두고 국문하게 했습니다.

위기에 몰린 소명국은 그때 한 가지 꾀를 냈지요. 그는 평소에 이이첨의 부하들과 잘 알고 지냈는데, 이이첨이 허균이나 신경희 등과 뜻을 함께하면서도 은근히 신경희를 꺼린다는 사실을 알고 있었습니다. 그는 이 사실을 이용하여 위기에서 벗어나려고 비밀리에 광해군에게 상소를 올렸습니다. 즉 장령 윤길, 정언 양시진이 신경희와 함께 반역을 꾀하고 있다는 것이었지요.

신경희는 임진왜란 때의 용장 신립의 조카이고, 신립의 딸은 선조의 서자 신성군의 부인이었습니다. 소명국은 이 관계를 이용해 역모를 조작하고, 자신은 위기에서 벗어나려고 했답니다.

소명국은 신경희가 "능창군의 집인 새문궁에 왕기가 서렸으며, 능창군은 배우지 않고도 글을 잘한다."고 말했다고 했습니다. 능창군은 정원군의 셋째 아들이었지요.

이 사건은 소명국의 의도대로 매우 중요한 역모 사건으로 다뤄졌습니다. 그리고 신경희와 윤길, 양신진은 모두 의금부에 하옥되어 국문을 당했는데, 신경희는 매를 이기지 못하고 봉산 군수 윤공과 백령 첨사 윤숙이 인성군 이공 등과 함께 음모를 꾀했다는 말을 하고 말았습니다. 인성군도 선조의 서자인데, 명망이 있어서 광해군이 몹시 경계하던 인물이었습니다. 윤숙과 윤공은 인성의 부인에겐 사촌 오빠들이었는데, 곧 잡혀와 국문을 받고 유배되었습니다. 그리고 신경희와 윤길, 양신진은 모두 국문 중에 곤장을 맞고 죽었습니다. 또 능창군은 교동으로 유배되어 그곳에 위리안치(죄인이 사는 집 둘레에 울타리를 치고 가두어 두는 것)되었다가 영창대군처럼 방 안에 갇혀서 아궁이 불에 질식해 죽었습니다. 그러나 소명국은 석방되었는데, 후에 조정을 원망한 죄로 처형되고 맙니다.

능창군의 큰형이 능양군인데, 바로 반정을 일으켜 왕이 된 인조입니다. 능창군의 죽음은 결국 인조반정의 원인이 된 셈입니다.

제4장

세자는 어떻게 살았을까?

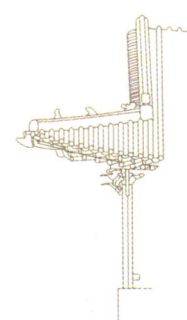

세자와 원자의 다른 점

세자는 왕조 시대의 왕위 계승권자를 가리키는 말로, 왕세자의 약칭입니다. 고대에는 '태자(太子)'라는 호칭을 주로 사용했는데, 고려가 원나라의 지배를 받으면서 '세자'라는 호칭을 사용했습니다. 원나라의 간섭을 받아 제도와 용어를 낮추었기 때문이지요. 그리고 조선은 원나라를 대국으로 섬겼기 때문에 '세자'라는 호칭만 사용했습니다. 하지만 1897년 10월에 국호가 조선에서 대한제국으로 바뀌고, 고종이 황제에 오르면서 '태자'라는 호칭이 다시 사용되었답니다.

왕위 계승권자는 태자나 세자 외에도 동궁(東宮), 저궁(儲宮), 춘궁(春宮), 정윤(正胤), 이극(貳極) 등으로도 불렸습니다. 또 세자를 부를 때에는 '저하(邸下)'라는 호칭을 사용했습니다.

태자라는 말의 원래 뜻은 '왕의 맏아들'입니다. 하지만 태자가 왕위 계승권자를 가리키는 말로 굳어지면서 맏아들을 지칭하는 용어가 따로 생겼는데, 바로 '원자(元子)' 입니다.

　원자는 말 그대로 '으뜸 되는 아들' 입니다. 예로부터 왕위 계승의 제1순위는 왕의 적통(왕비에게서 태어난 자식) 맏아들이었기 때문에 원자가 세자가 되고, 세자가 왕이 되는 것이 순리였습니다. 고려 태조 왕건의 《훈요십조》에서도 적자(적통 아들)에게 나라를 물려주는 것이 예법에 맞다고 했습니다. 그리고 맏아들인 원자에게 왕위를 계승하는 것을 원칙으로 하되, 원자가 부실하면 차자(둘째 아들)에게 전하라는 내용이 있습니다.

　원자는 임금의 맏아들을 부르는 명칭이었기 때문에 별도로 책봉례

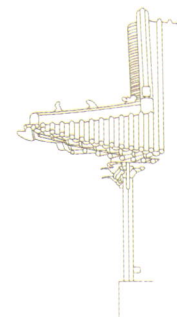

(책봉하는 예식)를 하지는 않습니다. 하지만 원자에 대한 개념이 모호해지는 상황일 때엔 임금이 별도로 원자를 정하기도 했습니다.

예컨대, 임금에게 서자만 있는 상황에서 뒤늦게 적자가 태어나면 왕위 계승에 대한 왕의 분명한 의지를 나타내기 위해 원자를 정하기도 했지요. 그런데 이때 이미 서자를 세자로 책봉했다면 적자가 태어났다고 해도 원자로 삼지는 않습니다. 또 적자가 없고 서자가 먼저 태어났을 때, 왕이 서자를 원자로 책봉하는 경우도 있습니다. 이때도 왕이 별도로 서자를 원자로 지정한다는 뜻을 전합니다.

이런 의미에서 본다면, 원자는 단순히 임금의 맏아들을 가리키는 것이 아니라 세자가 될 아들을 부르는 호칭인 셈이랍니다.

세자 책봉식은 어떤 의미를 가졌을까?

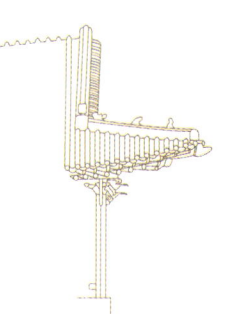

정상적인 경우라면 원자는 8세가 되면 세자에 책봉되어야 합니다. 8세에 세자 책봉례를 거행하는 것은 나이에 따른 전통적인 성장 원칙에 근거한 것입니다. 과거 중국 문화권 국가에서는 남자는 8년을 주기로 크게 변하고, 여자는 7년을 주기로 크게 변한다는 학설을 믿었습니다. 그래서 남자는 8세에 처음으로 성(性)에 눈뜨고, 16세에 성적인 기능을 가져 자식을 낳을 수 있으며, 24세에 성장이 완료된다고 보았답니다. 하지만 여자는 7세에 성에 눈뜨고, 14세에 임신할 능력을 가지게 되며, 21세에 성장이 완료된다고 보았지요. 이 때문에 생겨난 말이 '남녀칠세부동석'입니다. 즉, 여자가 7세 때 성에 눈뜨게 되므로, 7세부터는 남녀를 함께 놀게 하거나 같은 방에서 재우지 않게 했던 것입니다.

그러나 정확하게 8세에 세자 책봉례를 치른 경우는 문종과 연산군

2명뿐이고, 단종과 정조는 8세에 세손에 책봉되었습니다. 그러니까 8세에 왕위 계승권자로 확정된 인물은 조선 왕조를 통틀어 네 명밖에 없었지요.

문효세자책례계병(일부) 문효세자의 세자 책봉례 모습을 담은 기록화이다.

이 네 사람을 빼곤 모두 8세 세자 책봉례 원칙이 지켜지지 않았는데, 그 이유가 무엇일까요? 이유는 크게 두 가지입니다. 첫째는 자손이 너무 귀해서 서둘러 세자를 책봉했기 때문이고, 둘째는 중대한 사태가 일어나 왕위 계승이 정상적으로 이뤄지지 못했기 때문입니다.

자손이 귀해서 서둘러 세자에 책봉된 경우는 인종, 숙종, 경종, 헌종, 순종 등입니다. 이 중에서 인종과 숙종은 6세와 7세 때 세자에 책봉되었는데, 비교적 8세에 가까운 편이었습니다. 하지만 경종은 3세 때 세자가 되었고, 헌종은 4세 때 세손이 되었으며, 순종은 태어난 이듬해에 세자에 책봉되었답니다.

세자에 책봉된 나이가 어릴수록 세자 책봉의 필요성이 강했던 때라는 것은 두 말할 필요도 없겠지요? 특히 경종은 세자에 책봉될 당시에 서자의 신분이었습니다. 나중에 친어머니인 희빈 장씨가 중전에 올라 적자가 되긴 했습니다. 그런데 경종이 세자로 책봉될 당시에 숙종의

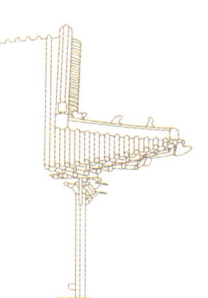

두 번째 왕비였던 인현왕후는 불과 24세였습니다. 얼마든지 아이를 낳을 수 있는 나이였지요. 이 때문에 경종이 태어나 두 달 만에 원자로 책봉될 때부터 신하들의 반발이 만만치 않았답니다.

중대한 사태 때문에 비정상적으로 세자에 책봉된 인물은 태종을 비롯해 세종, 예종, 광해군, 효종, 현종, 영조 등입니다. 태종은 형 정종이 왕위에 있을 때 동생인데도 세자에 책봉되었고, 세종은 형 양녕대군이 폐세자 되어 세자에 올랐지요. 그리고 예종은 형 의경세자가 갑자기 죽는 바람에 세자가 되었습니다. 광해군은 적자가 없는 상황에서 임진왜란 때 공을 세운 덕에 세자에 책봉되었고, 효종은 형 소현세자가 인조에게 독살되는 바람에 세자가 되었으며, 현종은 부왕 효종이 세자에 책봉됨에 따라 세손의 자리에 오르게 되었습니다. 그리고 영조는 경종에게 아들이 없던 탓에, 이복동생이었지만 세제(世弟)가 되어 왕위를 이었습니다.

왕들 중에는 아예 세자나 세손이 되지 않고도 바로 왕위에 오른 인물들도 많았는데, 세조, 성종, 중종, 명종, 선조, 인조, 철종, 고종 등이 그랬습니다.

세조는 스스로 왕위를 빼앗았으며, 성종은 예종의 아들 제안대군이 너무 어려서 대신 왕위에 올랐습니다. 중종과 인조는 반정으로 왕위에 올랐고, 명종은 이복형 인종의 갑작스런 죽음으로 왕위에 올랐으며, 선조와 철종, 고종은 왕위 계승권자가 없어서 왕비의 양자가 된 뒤에 왕위에 올랐답니다.

원래 적장자(적통의 맏아들)가 세자에 책봉되는 것이 정상이었지만,

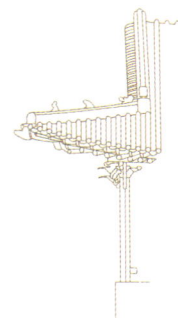

조선 27왕 중에서 적장자는 문종, 단종, 연산군, 인종, 현종, 숙종, 경종, 순종뿐입니다. 하지만 적장자 출신 왕들 중에서 현종과 숙종을 빼고 제대로 정사를 펼친 왕은 없었습니다. 그야말로 적장자가 왕위 계승해야 한다는 원칙이 부끄러울 지경이었지요.

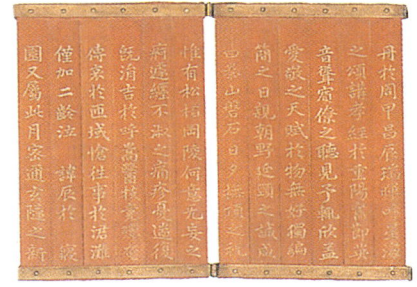

죽책문 정조가 문효세자에게 내린 왕세자 임명 글 가운데 한 부분이다.

책봉교명 영조가 사도세자의 장남을 왕세손으로 책봉하면서 내린 교명의 앞부분이다.

세자 책봉은 대개 대신들의 요청으로 이뤄지지만, 형식적인 절차일 뿐이었습니다. 세자 책봉에 대한 권리가 모두 왕에게 있기 때문입니다.

책봉은 모두 《오례의》의 규정에 따릅니다. 책봉례를 올리는 장소는 근정전 앞 뜨락이며, 이때 세자가 받는 것은 임명서에 해당하는 죽책문(대나무로 만든 책)과 교명문(가르치는 글), 세자인(세자의 도장)을 받게 됩니다.

세자의 동궁 생활은 어떠했을까?

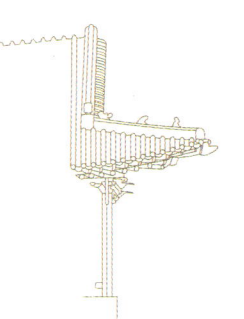

　세자가 생활하는 공간을 흔히 '동궁'이라고 하는데, 이것은 세자궁이 왕의 거처인 강녕전 동쪽에 있기 때문입니다. 또 동쪽이 사계절 중에서 봄을 의미하므로, 동궁을 '춘궁'이라고 부르기도 합니다. 세자는 그곳에서 먹고, 자고, 배워야 하며 특별한 일이 없는 한 그곳을 함부로 벗어나서도 안 된답니다.
　세자의 일과는 왕과 왕비, 대비 등 어른에게 문안하는 것부터 시작하여 하루 종일 공부하는 것이 전부입니다. 세자는 왕위에 오르기 전의 예비 단계일 뿐이므로 현실적으론 아무 권력도 없었답니다. 그래서 정치에 가담할 수도 없고, 정치와 관계되는 말을 해서도 안 되고, 대신을 마음대로 만나서도 안 됩니다.
　정치와 관련된 모든 것은 왕만이 가질 수 있는 권한입니다. 만약 세자가 정사(나라를 다스리는 일)에 관계되는 행동을 하게 되면 그것은 왕

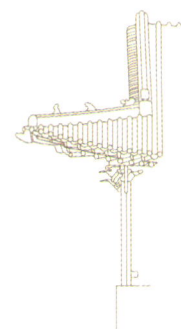

의 권한을 침범하는 것이 되고, 그 행위는 역모에 해당하는 중대한 범죄가 됩니다. 그러므로 왕의 허락을 받은 경우는 빼곤 절대로 정사에 관여해서는 안 됩니다. 하지만 때론 왕명을 받아 세자도 정사를 돌볼 수 있는 기회를 얻기도 합니다. 왕이 늙어서 기운이 없거나 나라가 특별한 상황에 처했을 때, 왕을 대신해 업무를 볼 때도 있었지요. 문종 같은 왕은 세자 시절에 10여 년 동안 아버지 세종을 대신해 서무 결제를 했습니다. 물론 중요한 사항은 세종에게 모두 물어보고 결정했지만, 웬만한 사항은 스스로 처리할 수 있는 권한을 가졌습니다.

정조는 세손 시절에 늙은 영조를 대신해 정사를 결재했는데, 당시 세손이었던 정조의 처지가 매우 위태로웠기 때문에 왕을 대신한 서무 결재권은 그야말로 천군만마를 얻은 것과 같았답니다.

하지만 왕을 대신해 업무를 보는 것이 반드시 좋은 것만은 아니었습니다. 영조 같은 경우엔 이복형인 경종이 건강하지 못해 세제로서 대신 정사를 맡았지만, 하마터면 왕권을 넘본다는 이유로 목숨을 잃을 뻔했답니다.

세자의 처지가 이렇다 보니, 조용히 앉아서 공부만 하는 것이 차라리 편했을 것입니다. 그러나 공부를 좋아하지 않는 왕자는 세자가 된다는 사실 자체가 괴로운 일이었습니다. 만약 세자가 공부를 싫어하고 딴 일에 정신을 쏟으면 부왕

비현각 세자가 업무를 보고 공부를 하던 곳으로, 동궁 안에 있다.

의 미움을 받아 폐위될 수도 있었기 때문입니다.

그 대표적인 예가 양녕대군입니다. 태종의 세자였던 그는 공부보다는 사냥이나 여자를 좋아했습니다. 그 바람에 태종의 눈 밖에 나서 세자 자리에서 쫓겨나고 말았습니다. 또 연산군도 공부를 무척 싫어하던 세자였는데, 결국 왕위에 오른 뒤에 폭군이 되어 백성들을 괴롭히다가 쫓겨났지요. 이런 사례는 세자에게 공부를 강요하는 요소로 작용했고, 그 때문에 세자는 공부에 대한 강박감에 시달려야 했습니다.

공부 외에도 세자를 괴롭히는 일은 또 있었습니다. 모든 국가 행사에 참여하는 것은 기본이고, 조상들의 제사를 일일이 챙겨야 했으며, 중국의 사신을 맞이하는 자리에도 왕과 함께 나가야 했던 것입니다. 이런 행사는 대부분 대궐 안에서 이뤄지는 일이기 때문에, 세자에겐 공부 못지않게 괴로운 일일 수 있었습니다. 그러나 때로는 형제들과 함께 조상의 무덤을 찾기도 했고, 매형이나 누나 또는 대군 아우들이 마련한 잔치에도 참석하기도 했으며, 활쏘기나 승마, 격구, 투호 등을 즐길 수도 있었습니다. 이럴 경우 세자는 모처럼 바람을 쐬는 행운을 맛보았답니다.

세자는 공식적으로 어느 정도의 여자를 가까이 할 수는 있었습니다. 세자도 왕처럼 정부인인 세자빈 외에 여러 후궁을 거느릴 수 있었기 때문이지요.

자선당 세자가 생활하는 곳으로, 세자와 세자빈의 침전이 있다. 왕의 집무실인 사정전 옆에 있다.

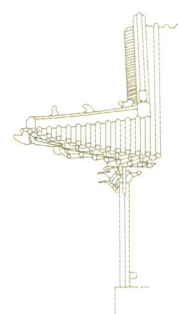

　세자궁에는 적게는 십여 명에서 많게는 삼십 명에 이르는 궁녀들이 있었는데, 세자는 그들 중에서 마음에 드는 여자를 후궁으로 삼을 수 있었습니다. 세자의 후궁은 종5품 소훈부터 종4품 승휘, 종3품 양원, 종2품 양제 등의 작위를 받을 수 있었습니다.

　어쩌면 그들과 노닥거리는 시간이 세자의 삶 속에서 가장 행복한 순간이었는지도 모릅니다. 그래서 어린 시절의 세자와 친구가 되어 주는 사람은 대개 궁녀나 환관이었답니다.

세자궁에는 어떤 관청이 있었을까?

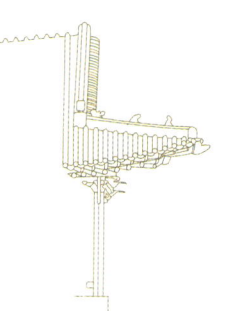

　세자궁에 속한 관청은 세자시강원과 세자익위사입니다. 이 기관들은 고려 때만 하더라도 '세자부(世子府)'로 불리다가 조선 시대에 와서 역할에 따라 둘로 나뉘어졌답니다.
　세자시강원은 이름 그대로 세자를 모시고 강의하는 곳입니다. 세자를 위한 강의를 '서연'이라고 하는데, 세자시강원에서 서연을 담당했지요.
　시강원엔 정1품 사(師)와 부(傅)를 비롯해 종1품 이사, 정2품 좌우빈객, 정3품 찬선, 보덕, 정4품 진선, 필선, 정5품 문학, 정6품 사서, 정7품 설서, 자의 등이 각각 1인씩 배치되어 강의를 했습니다. 이들 중에서 사는 영의정이 맡아 했고, 부는 좌의정과 우의정 중에 1인이 맡았으며, 빈객들도 모두 다른 관직을 함께 맡았습니다. 그래서 실질적으로 세자의 교육만을 위해 있었던 직책은 찬선 이하였습니다. 결국 찬

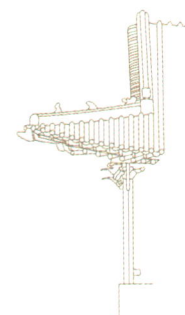
선과 보덕이 실질적으로 시강원의 가장 높은 교수였던 셈이지요.

시강원 관리들은 대부분 과거 합격자들이었지만, 때에 따라서 대신의 추천을 받은 생원이나 진사가 시강원의 관리가 되기도 했습니다. 그래서 세종의 스승 이수 같은 인물은 생원 시절에 왕자들을 가르쳤고, 후에 세종이 세자가 된 뒤에도 계속 가르쳤답니다.

회강반차도 왕세자의 수업 장면을 그린 그림이다.

세자익위사는 어떤 일을 하던 기관이었을까요? 바로 세자를 경호하는 경호실이었습니다. 원래는 세자시강원과 함께 있다가 따로 떨어져 나가 독립한 것입니다. 세자익위사는 원래 병조에 속한 관청인데, 정5품 무관의 통솔 아래 정9품까지 각각 2명씩 배치되었습니다. 정5

품에는 좌우 사어가 한 명씩 있으며, 그 밑으로 좌우 익찬(종5품), 좌우 위솔(정6품), 좌우 부솔(정7품), 좌우 시직(정8품), 좌우 세마(정9품) 등이 배치되지요. 그리고 그 아래로 서리가 2인, 사령이 7인, 군사가 4인 배치됩니다. 이들은 평소에 세자궁을 지키고, 세자가 궁 밖으로 나갈 때는 호위를 담당하며, 서연 중엔 섬돌 아래에서 경호를 섰습니다.

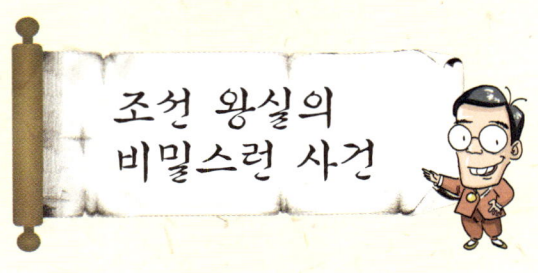

조선 왕실의 비밀스런 사건

아들과 며느리, 손자를 죽인 인조

1645년 4월 26일에 인조의 장남이자 왕위 계승권자였던 소현세자는 의원 이형익이 연달아 놓은 침을 맞고 갑자기 죽고 말았습니다. 세자의 시신은 새까맣게 변했고, 몸의 구멍이란 구멍에선 시커먼 피가 쏟아져 나와 얼굴조차 알아보기 힘든 지경이었답니다. 시신을 본 사람들은 모두 독살을 의심했지만, 아무도 독살이란 말을 입 밖에 내지 못했지요. 그런데 인조는 세자가 죽게 된 원인에 대해 전혀 관심을 보이지 않았고, 의원을 벌할 뜻도 비치지 않

134 | 조선 시대 왕실 사람들은 어떻게 살았을까?

았습니다. 거기다 장례식은 초라하기 그지없었고, 세손을 왕위 계승권자로 삼아야 하는 법도를 어기고 차남 봉림대군을 세자로 지목해 버렸습니다. 사건의 정황으로 보나 사후 저리로 보나 누가 봐도 세자의 죽음은 인조의 지시에 의한 독살이 분명했지요.

인조가 아들을 독살한 이유는 왕위에 대한 불안감과 후궁 조씨의 이간질 때문이었습니다. 청나라에 항복하고 삼전도에서 무릎을 꿇은 뒤로 인조는 그 치욕에 따른 분노로 잠을 설쳤고, 세자가 자신의 왕위를 빼앗을지도 모른다는 불안감에 사로잡혀 있었습니다. 당시 청나라에서는 인조를 세상 돌아가는 형편을 모르는 꽉 막힌 늙은이로 취급했지만, 소현세자에 대해서는 매우 명민하고 사려 깊은 인물이라고 호평하고 있었기 때문이지요.

그런 상황에서 인조의 귀를 자극하는 풍문이 들려왔습니다. 청에서 세자를 조선의 왕으로 세우고 자신을 청으로 불러들이려 한다는 것이었지요. 이때부터 인조는 세자가 반역을 꾀하고 있다고 생각했습니다. 하지만 인조의 그런 마음을 전혀 모른 채, 소현세자는 1645년 2월에 8년간의 인질 생활을 끝내고 돌아왔습니다. 그러나 고국에 돌아온 그에겐 인조의 냉대와 의심 어린 눈초리만 기다리고 있었습니다. 그리고 급기야 귀국 두달 만에 의문의 죽음을 당한 것입니다.

세자가 죽고 봉림대군이 세자에 임명되었지만, 인조와 애첩 조소용은 아직도 마음에 걸리는 것이 있었습니다. 바로 눈엣가시 같았던 세자빈 강씨와 세손이 살아 있는 게 꺼림칙했던 것이지요.

결국, 조소용은 그해 9월에 강빈을 없애기 위해 한 가지 계략을 꾸몄습니다. 소현세자의 궁녀였던 신생으로 하여금 강빈이 인조와 조소용, 새롭게 세자가

된 봉림대군(효종) 등을 저주하기 위해 대궐 곳곳에 사람의 뼈와 구리로 된 흉상을 묻어 뒀다고 고발하게 한 것입니다.

그러자 인조는 강빈의 궁녀인 계향과 계환을 잡아다 궁궐의 옥에서 국문을 벌였습니다. 하지만 그들은 끝까지 자백하지 않았고, 급기야 국문 중에 죽고 말았습니다. 그런데 신생의 말처럼 그런 엄청난 일이 있었다면 당연히 의금부에서 국문장을 마련하여 국법에 따라 심문하는 것이 원칙이었습니다. 하지만 인조는 이 일을 조정에 맡기지 않고 은밀히 국문했습니다. 만약 조정의 대신들이 알았다면 크게 반발했을 사안이었지요.

이렇듯 몰래 국문을 벌이다 궁녀들이 죽자, 인조는 그들이 왕실을 저주해 내옥에서 국문했고, 국문 중에 죽었다는 내용만 조정에 알렸습니다. 그리고 궁녀들의 죽음은 왕실 내부 사건이니 조정은 상관하지 말라고 강하게 명령을 내렸습니다.

막상 그렇게 일을 처리했지만 인조는 입장이 난처했습니다. 정작 목표는 궁녀들이 아니라 강빈이었는데, 궁녀들의 자백을 받지 못했으니 강빈을 함부로 몰아세울 수도 없었습니다. 어렵게 신생을 매수하여 고변시킨 일은 이렇게 실패로 끝난 것이었지요.

그러나 인조는 포기하지 않았습니다. 이듬해 1646년 1월에 대궐이 발칵 뒤집어지는 사건이 일어났답니다. 인조의 수라상에 올라온 전복구이에서 독극물이 발견된 것이었지요.

인조는 곧 강빈을 의심했습니다. 그래서 강빈의 궁녀들과 음식을 올린 나인들을 함께 국문하도록 했습니다. 왕이 별다른 증거도 없이 강빈의 궁녀들을 국문하자, 조정에서는 인조의 태도가 의도적이라고 판단했습니다. 이미 강빈의 형제들인 강문성과 강문명에게는 죄명을 붙여 유배 보내고, 강빈의 일족들을 벼슬에서 쫓아낸 마당이었기 때문입니다. 그때 강빈의 아버지 강석기는 죽고 없었습니다.

전복구이 사건으로 총 8명의 궁녀가 하옥되었는데, 그중 정렬, 계일, 애향, 난옥, 향이 등은 강빈의 궁녀였고, 천이, 일녀, 해미 등은 음식을 맡은 궁녀였습니다. 이때 강빈 또한 궁궐 후원 별당에 갇혔지요.

인조는 강빈에게 단 한 명의 시녀도 붙이지 못하도록 했고, 문을 폐쇄한 뒤 그 문에 작은 구멍을 뚫어 음식과 물을 주도록 했습니다.

그러자 세자(봉림대군)가 인조에게 이렇게 간언했습니다.

"강씨가 비록 불측한 죄를 의심 받고 있다고는 하지만, 간호하는 사람은 있어야 할 것입니다. 더구나 지금 죄지은 흔적이 분명하지 않은데, 성급하게 이런 조치를 취하고 시녀 하나 붙이지 않는단 말입니까?"

그제야 인조는 강빈에게 시녀 한 명을 붙여 주었지요.

당시 사건에 대하여 실록의 사관들은 이렇게 판단하고 있습니다.

"이때에 강빈이 죄를 얻은 지 이미 오래였는데도, 조소용이 더욱 참소(나쁜 말을 지어내 누명을 씌우는 것)를 했다. 상(인조)이 이 때문에 궁중 사람들에게 누구든 강빈과 말을 나누는 자는 죄를 내리겠다고 했다. 때문에 양궁(세자빈궁과 대전)의 왕래가 끊어졌으므로, 전복구이에 독을 넣는 것은 형세상 있을 수 없는 일이었다. 그런데도 상이 굳이 이와 같이 생각하므로, 사람들은 모두 조소용이 모함한 데서 연유한 것이라고 의심했다."

실록에 나와 있는 내용에서 알 수 있는 것은, 당시 전복구이 독약 사건은 인조와 조소용이 꾸민 짓이었다는 것입니다. 인조는 이 사건을 빌미로, 어떻게 해서든 강빈을 죽이려 했습니다. 그러나 강빈의 궁녀와 전복구이를 만든 궁녀들이 자백하지 않은 채 고문을 받다 죽었기 때문에 결국 강빈의 죄를 입증하지 못했지요. 하지만 인조는 대신들을 불러 강빈을 죽이라고 했습니다. 하지만 조정에선 증거도 없고 자백도 없는 상황에서 강빈을 죽일 수는 없다고 버텼지요. 그러자 인조는 비망기(왕이 명령을 적어 승지에게 전하던 문서)에 이렇게 썼습니다.

"강빈이 심양에 있을 때부터 은밀히 왕위를 바꾸려고 일을 꾀했다. 갑신년 봄에 청나라 사람이 소현세자와 빈을 보내 줬는데, 그때 내간에서 강빈이 은밀히 청나라 사람과 도모하여 장차 왕위를 교체하는 조처가 있을 것이라고 했다. 이렇듯 군왕을 해치려 했으니, 해당 부서로 하여금 법을 검토해서 처리토록 하라."

그 소리를 듣고 대신들은 어떻게 대답해야 할지 몰랐지요.
그때 이시백이 이렇게 말했습니다.
"반역이야말로 큰 죄인데, 어떻게 짐작만으로 단정할 수 있겠습니까?"
이렇게 대신들이 반대하자, 인조는 화를 내며 오히려 대신들이 반란을 도모할까 의심했습니다. 그래서 포도청에 명해 대신들을 감시하도록 했답니다. 이후 인조는 조정의 반대에도 불구하고 승정원에 강빈을 폐출하고 사약을 내리라는 말을 남기고 그 뜻을 조정에 알리라고 했습니다. 하지만 누구 하나

나서서 강빈을 죽여야 된다고 말하지 않자, 인조는 정승들과 삼사의 장관들을 모두 불러 강빈이 반역의 죄를 저질렀으므로 죽여야 한다고 강하게 주장했지요. 심지어 이 과정에서 성종이 자신의 왕비를 죽인 것을 들먹이며 아내와 며느리 중에 누가 더 중하냐고 묻기도 했답니다. 즉 성종이 왕비를 죽이는 것도 조정에서 받아들였는데, 어째서 아내보다 먼 며느리를 죽이는 일을 받아들이지 않느냐는 다그침이지요.

이쯤 되자, 조정에서도 더 이상 인조의 뜻을 거스르지 못했습니다. 인조가 강빈을 죽이기에 혈안이 된 이상 막을 방도가 없었던 것이지요.

인조는 이처럼 자신의 왕위를 빼앗길까 염려해 아무 죄도 없는 아들과 며느리는 물론이고, 아무 관련도 없는 궁녀들을 10여 명이나 죽였습니다. 그것도 모자라 이듬해엔 강빈의 어머니와 형제들을 문초하고, 조금이라도 강빈과 관계가 있었던 모든 궁녀들과 친가의 종들을 문초하여 죄인으로 몰았습니다. 하지만 강빈이 사람 뼈와 구리로 형상을 만들어 왕과 세자를 저주했다고 일러바친 궁녀 신생에 대해서는 끝까지 죄를 묻지 않았습니다.

사헌부에서는 신생도 역모에 가담한 것이 분명하다고 했지만, 인조는 신생의 도움으로 궁궐 곳곳에 묻혀 있던 흉물들을 찾아냈다며 그 공로를 생각해 죄를 주지 말라고 명령했습니다. 신생은 인조와 조소용에게 매수된 것이었기 때문에, 끝까지 그녀를 보호해 주었던 것이지요.

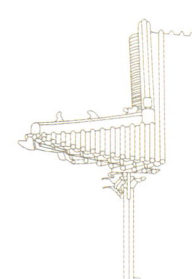

왕위에 오르지 못한 세자들

태조의 막내아들 의안대군

조선 왕조에는 세자가 되었지만 왕위에 오르지 못했거나, 죽은 뒤에야 자식에 의해 왕으로 추존된 인물들이 여러 명 있습니다. 어떤 사람들이 있는지 한 명씩 살펴볼까요?

의안대군 방석은 태조의 두 번째 부인 신덕왕후 강씨에게서 태어났으며, 태조의 여덟 번째 아들이자 조선 최초의 세자였습니다. 1392년 개국 직후에 조정에서는 세자 책봉에 대한 논의가 있었는데, 태조의 첫 부인 신의왕후 한씨에게서 태어난 이복형들을 제치고 가장 어린 그가 세자에 책봉되었지요.

사실, 당시 배극렴 등은 개국에 가장 공이 컸던 방원을 세자에 책봉해야 한다고 주장했지만, 신덕왕후 강씨의 입김으로 방번이 세자로 책봉될 예정이었습니다. 그러나 개국 공신인 정도전과 조준 등이 방번은 세자감이 되지 못한다고 주장해 방석을 세자로 세운 것이지요.

이렇게 해서 11세의 어린 나이로 세자에 책봉된 방석은 매우 불안한 나날을 보내야 했습니다. 이복형들의 불만이 아주 큰 데다 1396년에 그때까지 방석을 지켜 줬던 어머니 신덕왕후가 죽었기 때문입니다. 거기다 태조마저 병석에 눕게 되자, 호시탐탐 기회를 노리고 있던 방원이 1398년에 형제들을 규합해 정도전과 남은 등을 처단하고 방석을 폐위시켰습니다. 그 후 유배길에 오른 방석은 도중에 형 방번과 함께 살해되었는데, 그때 나이 17세였습니다.

태종의 맏아들 양녕대군

양녕대군 제는 1394년(태조 3년), 태종 이방원과 원경왕후 민씨 사이에서 태어났습니다. 그는 11세 되던 해(1404년)에 왕세자에 책봉되었고 14세(1407년)에 김한로의 딸과 혼인했습니다.

자유로운 성품을 가졌던 제는 제왕 교육에 염증을 내고 곧잘 사냥이나 바둑 같은 놀이나 기생들과 어울려 노는 것을 좋아했지요. 세자 교육을 담당한 서연관들이 서연에 참석할 것을 권하면 병을 핑계 삼아 참석하지 않고 몰래 궁을 빠져나가곤 했습니다. 또한 왕실에서 금하는 매사냥을 즐기는가 하면 17세 때부터 기방을 출입하기 시작해 장안의 이름난 악공과 기생들을 모르는 바가 없었습니다. 그런데 그 정도가 지나쳐 정종의 애첩이었던 기생을 동궁에 끌어들여 함께 지내

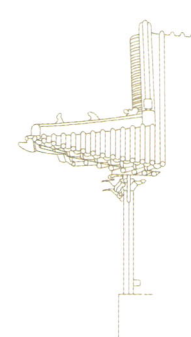

는가 하면, 매형의 첩이었던 기생과도 연을 맺어 태종의 분노를 샀습니다. 그러나 제는 태종의 잦은 문책에도 조금도 뉘우치는 빛이 없이 계속 같은 문제를 일으켰지요. 이 때문에 신하들의 상소가 잇따르자, 태종은 급기야 세자 자리에서 쫓아냈습니다.

《연려실기술》, 《추강냉화》, 《자해필담》 같은 야사(민간에서 사사로이 기록한 역사)에서는 양녕대군이 일부러 나쁜 행동을 일삼아 왕세자 자리를 충녕에게 넘겨준 것이라고 해석하기도 합니다. 하지만 실록은 왕세자로서 지켜야 할 품위를 너무나도 많이 저버린 행동들을 낱낱이 기록하고 있습니다.

그는 세종 대에도 수십 차례에 걸쳐 탄핵을 당했지만, 세종은 매번 각별한 우의로 양녕대군을 지켜 주었답니다.

양녕대군은 문종과 단종을 거쳐 세조 대까지 살았으며 1462년(세조 8년)에 69세로 죽었습니다.

세조의 맏아들 의경세자

의경세자 장은 1438년(세종 20년) 세조와 정희왕후 윤씨 사이에서 태어났습니다. 1445년 도원군에 봉해지고, 1445년 아버지 수양대군이 왕위에 오르자 세자에 책봉되었지요.

그는 학문을 좋아했으며 예절에 밝고 특히 서예에 뛰어났다고 전해집니다. 하지만 몸이 약해 늘 잔병치레를 했다고 합니다. 의경세자는 세조 3년 가을에 감기에 걸렸는데 십여일 만에 병이 나았지만, 며칠 뒤에 병이 발작하여 9월 초하룻날에 크게 나빠지더니 다음 날인 2일에 죽고 말았습니다. 그때 나이가 20세였습니다.

세조의 가족들은 단종을 쫓아낸 죄책감에 많이 시달렸는데, 의경세자도 마찬가지였습니다. 심약한 그는 죽기 전에 늘 단종의 어머니 현덕왕후의 혼령에 시달렸다고 합니다. 이 때문에 세조는 현덕왕후 때문에 아들이 죽었다고 여겨 현덕왕후의 무덤을 파헤치고 관을 파내는 짓을 저지르기도 했습니다. 현덕왕후의 무덤은 훗날 숙종 대에 가서야 복원되어 문종 옆에 새로 만들어졌지요.

의경세자는 둘째 아들 자을산군(성종)이 왕위에 오르자 1471년(성종 2년)에 덕종으로 추존되었습니다.

연산군의 맏아들 황

황은 1497년에 연산군의 부인 신씨의 아들로 태어나 1503년에 세자에 책봉되었습니다. 하지만 연산군이 폐위된 뒤에 함께 폐위되어 정선으로 유배되었답니다. 유배 당시에 결혼하지 않아 후손은 없었습니다.

명종의 맏아들 순회세자

순회세자 부는 1551년(명종 6년) 명종과 인순왕후 사이에서 태어났습니다. 7세에 세자에 책봉되었으며 9세인 1559년에 호군 윤옥의 딸과 가례를 올렸습니다. 그러나 이듬해 후사도 잇지 못한 채 순회세자는 13세의 어린 나이로 죽고 말았습니다. 하지만 세자빈 윤씨는 1592

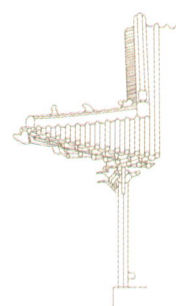

년까지 살았지요.

임진년에 난리가 나서 의주로 파천하게 되자, 후원에 임시로 공회빈 윤씨의 묘를 만들었습니다. 그런데 이듬해 돌아와 보니 묘는 이미 파헤쳐지고 없었습니다.

순회세자와 공회빈 윤씨 사이에 자식은 없었는데, 1603년(선조 36년)에야 비로소 신주가 만들어지고 순회묘가 도성 안 북쪽에 마련되었습니다.

광해군의 둘째 아들 질

질은 1598년에 태어났고, 세자에 책봉된 뒤인 1610년에 장가들었습니다. 그리고 1623년에 광해군이 폐위되면서 함께 폐위되었습니다. 그 뒤에 강화도에 유배되었는데, 그해 7월에 몰래 땅굴을 파고 탈출했다가 붙잡혀 31세의 나이로 사약을 받고 죽었습니다.

질의 부인은 박씨였는데, 밀양 박씨 자흥의 딸이었습니다. 1598년에 태어나 1610년에 시집왔으며, 1623년 5월에 스스로 목을 매고 자살했습니다.

인조의 맏아들 소현세자

소현세자 왕은 1612년(광해군 4년)에 인조와 인열왕후 사이에서 태어났습니다. 1623년 인조반정이 이루어지자 세자에 책봉되었고, 1627년 정묘호란 때는 잠시 전주로 피신해서 그곳의 민심을 수습하기도 하는 등 톡톡히 세자 수업을 치렀지요.

1636년 12월에 병자호란이 터졌고, 조선이 이 전쟁에서 패배하는 바람에 청나라에 볼모로 가게 되었습니다. 그는 8년 동안 심양관에 머무르면서 외교관 역할을 했고, 능란한 외교 솜씨를 발휘했습니다. 또 70여일 동안 북경에 들어가 독일인 신부 아담 샬 등과 교류하면서 서양의 천문학, 수학, 역법, 천주학 등의 신문물을 접했습니다. 이때 수집한 천문학, 역서, 수학책, 천주학, 지구의 등을 가지고 조선에 들어왔지만, 청에 대한 감정이 좋지 않았던 인조의 미움을 받아야 했답니다. 그는 8년간의 인질 생활을 마치고 1645년 2월에 돌아왔습니다. 그러나 그를 맞은 건 고생하고 돌아온 세자에 대한 환대와 위로가 아니라 아버지의 철저한 박대였습니다. 인조는 세자가 철저한 친청주의자가 되어 돌아왔다고 생각하고, 그가 가지고 온 서양 서적과 물자들까지도 내치는 어리석은 모습을 보입니다.

뜻밖의 박대와 부왕과의 갈등으로 몸져눕게 된 세자는 병석에 누운 지 사흘 만에 의문의 죽음을 맞이합니다.

처음 소현세자의 주치의였던 박군은 학질이라고 진맥했지만, 인조의 애첩 조소용의 소개로 들어온 의원 이형익이 연달아 침을 놓은 뒤 소현세자는 갑자기 죽고 말았습니다. 귀국한 지 두 달 만인 4월 26일이었습니다.

실록에도 그의 시신이 새까맣게 변했고 아홉 구멍에서 피가 흘러 얼굴을 알아볼 수가 없을 정도였다고 기록되어 있습니다. 말하자면 그가 독살되었다는 뜻이었지요. 하지만 인조는 이형익을 처벌하지도 않았고, 급하게 장례를 치러 버렸답니다.

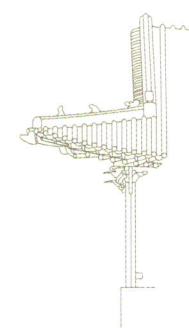

　소현세자가 34세의 나이로 아깝게 의문의 죽음을 당한 후에, 인조는 소현세자의 아들이 어리다는 이유로 자신의 둘째 아들인 봉림대군을 서둘러 세자로 삼았습니다. 또한 전복구이에 독이 들어 있었다는 죄를 물어 세자빈 강씨에게는 사약을 내리고, 세자의 세 아들을 제주도로 귀양 보내고 맙니다. 그중 둘은 의문의 병으로 죽고, 강빈의 형제들과 그녀의 가문은 망하게 되지요.

　이 사건 후에 인조는 며느리와 손자를 죽였다는 비난을 피하려고 그들을 돌보던 나인들을 때려죽이게 하는 잔인한 모습을 보이기도 합니다.

　한편 소현세자의 셋째 아들 경안군은 효종이 즉위한 후에도 역모의 불씨가 된다고 하여 제주에서 남해로, 다시 강화로 유배지를 전전하며 살아야 했답니다.

　소현세자는 경기도 고양 원당동에 묻혔는데, 처음에는 '소현묘'라고 했으나 고종 대에 이르러 소경원으로 높여졌습니다.

영조의 맏아들 효장세자

　영조의 서자 중 맏아들인 효장세자 행은 1719년(숙종 45년) 영조와 정빈 이씨 사이에서 태어났습니다. 1724년 영조가 즉위하자 경의군에 봉해지고, 이듬해에 왕세자에 책봉되었지만 1728년 11세의 나이로 죽고 말았습니다.

　사도세자가 죽은 뒤 사도세자의 아들이던 정조가 효장세자의 양자가 되어 왕통을 잇게 되었습니다. 그래서 정조가 즉위하자 효장세자는 진종으로 추존되었지요. 능은 경기도 파주에 있는 영릉입니다.

영조의 둘째아들 사도세자

영조의 서자 중 둘째 아들인 사도세자 선은 1735년(영조 11년) 영조와 영빈 이씨 사이에서 태어났습니다.

효장세자가 일찍 죽어서 오랫동안 세자 자리가 비어 있는 데다가 영조가 나이 40세 넘어서 본 아들이었기에 겨우 두 살인데도 왕세자에 책봉되었습니다. 그는 10세에 혼인하여 곧바로 어머니와 떨어져 별궁에 살았는데, 세자빈은 영의정 홍봉한의 딸 혜빈 홍씨였습니다.

어려서부터 매우 영특했던 선은 3세 때 《효경》을 외우고 7세 때 《동몽선습》을 다 배웠다고 합니다. 1749년(영조 25년) 세자가 15세 되자 영조는 그에게 대리청정을 맡겼지요.

세자는 대리청정을 맡기 전까지만 해도 효심과 우애심이 두터웠고, 도량과 덕을 겸비해 영조로부터 칭찬을 받기도 했답니다. 하지만 대리청정을 한 후에 신하들 중 상당수가 세자에게 가까이 다가가자, 영조는 세자를 몹시 경계하게 되었지요. 이 때문에 세자는 아버지 영조를 두려워하게 되고, 그 뒤부터 우울증과 정신분열증을 앓게 되었습니다. 병이 심해지자, 그는 궁녀를 직접 칼로 죽이기도 하고, 마음대로 대궐 바깥을 출입하며 돌아다니기도 했습니다. 이 때문에 그의

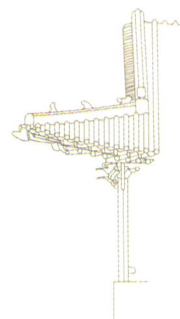

어머니 영빈 이씨는 영조에게 아들을 죽여 달라고 청했고, 영조는 결국 그를 뒤주에 가둬 죽이고 말았습니다.

한여름의 뒤주 속에서 더위와 굶주림을 못 이긴 세자는 뒤주에 갇힌 지 8일 만인 윤5월 21일에 세상을 떠났습니다. 이때 그의 나이 28세였습니다. 세자가 그렇게 죽은 뒤 영조는 곧바로 세자를 죽인 것을 후회하며 그의 죽음을 애도한다는 뜻의 '사도(思悼)'라는 시호를 내렸습니다.

이후에 그의 아들인 정조가 즉위하자 '장헌(莊獻)'으로 추존되었다가 고종 때 다시 '장조(莊祖)'로 추존되었습니다.

그의 무덤은 경기도 양주에 있다가 정조 때 수원 화산으로 이전되어 '현륭원'이라 했고, 장조로 추존된 이후에는 '융릉(隆陵)'으로 정해졌습니다.

정조의 맏아들 문효세자

문효세자는 1782년(정조 6년) 9월 7일에 의빈 성씨의 아들로 태어나, 3세 때인 1784년 8월에 세자로 책봉되었습니다. 그러나 1786년 5월 21일에 창덕궁 별당에서 5세의 어린 나이로 죽었습니다.

묘를 '효창원'이라 했는데, 지금의 효창공원 자리였습니다. 하지만 1944년에 경기도 고양 원당의 서삼릉 의령원 앞으로 묘를 옮겼습니다.

순조의 맏아들 효명세자

효명세자 영은 1809년(순조 9년) 8월에 순조와 순원왕후 김씨 사이에서 태어났습니다. 1812년 4세 때 왕세자에 책봉되고, 1819년 11세 되는 해 10월에 영돈령부사 조만영의 딸을 맞아 가례를 올렸습니다. 세자빈의 할아버지 조엄은 구황작물인 고구마를 우리나라에 보급하여 흉년 때 굶주림을 크게 해결해 준 인물이기도 합니다.

효명세자는 어려서부터 영특해 공부하기를 좋아했습니다. 그의 시문을 모은 시문집인 《경헌집》 6권이 지금까지도 전해지고 있지요.

효명세자는 1827년(순조 27년) 순조의 명령으로 대리청정을 시작했습니다. 당시에 순조는 장인 김조순이 중심이 된 안동 김씨의 세도정치에 싫증을 느끼고 적절히 견제해야겠다고 생각했지요. 그래서 아버지인 정조가 대리청정을 했던 때의 예를 따라 인재 등용, 군사권 행사, 형법 집행 등은 순조가 직접 하고, 그 밖의 일은 모두 세자가 처리하도록 했답니다. 안동 김씨를 견제하려는 순조의 뜻을 잘 알고 있었던 효명세자는 대리청정을 하자마자 종묘의 예식을 허술히 했다는 이유로 안동 김씨 계열인 전임 이조 판서와 현임 이조 판서를 징계하기도 했답니다. 또한 정권 다툼으로 불안한 정국을 안정되게 끌고 가기 위해서는 자기 세력을 중요 직책에 앉혀야겠다고 생각한 세자는 김로를 위시한 신진 세력과 처가인 풍양 조씨 등을 등용했습니다. 여기에 안동 김씨 세도를 반대하는 규장각 신료들이 가세했고 정치적으로 소외되어 있던 소론, 남인, 북인들도 등용되었습니다. 또한 권력의 핵심 기구인 비변사를 세자의 측근 세력들이

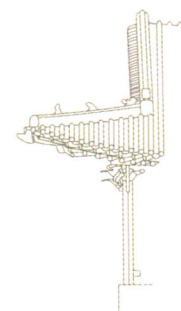

장악해 안동 김씨를 견제하고 왕권을 강화하는 기반을 마련했지요.

하지만 세자가 등용한 인물 중에 김로라는 사람은 세자 대리청정 이후에 대사성, 병조, 호조, 이조를 두루 거치는 고속 승진을 통하여 인사권을 장악하는 등 권세가 하늘을 찌를 듯해 조정을 휘청거리게 할 정도였다고 합니다.

세자는 순조의 뜻을 따라 안동 김씨의 세도를 견제해 보려고 노력했지만 고된 업무에 시달린 탓인지 1830년(순조 30년) 5월 6일에 죽었습니다. 이때 그의 나이 22세였지요. 대리청정을 시작한 지 3년 3개월 만의 일이었습니다.

효명세자가 죽고 난 뒤 처가인 풍양 조씨 일파들은 정계에 대거 진출해 안동 김씨 일파와 전면적인 정치 투쟁을 했습니다. 그래서 정국은 혼란했고 지배층의 대립이 격화되는 한편, 민생을 도탄에 빠지게 하여 조선 후기의 정치, 경제, 사회를 뿌리에서부터 뒤흔드는 결과를 가져왔지요.

효명세자는 조만영의 딸인 풍양 조씨와 혼인해 아들 하나를 두었는데 아들 헌종이 즉위한 뒤 익종에 추존되었으며, 1899년 고종에 의해 다시 문조익황제로 추존되었습니다.

묘는 경기도 구리시에 있으며 '연경원'이라고 했다가 후에 '수릉(綏陵)'으로 격상되었습니다.

효명세자와 박규수의 일화

한편 효명세자와 조선 후기의 개화파 박규수 사이에 얽힌 재미난 이야기가 있어 하나 들려줄까 합니다.

　효명세자는 궁 밖으로 나가 백성들이 사는 모습을 몰래 살펴보는 것을 즐겼다고 합니다. 그런데 자하동 부근에 이르렀을 때 담장 너머로 들려오는 글 읽는 소리에 끌려 그 집에 들르게 되었답니다. 그 집은 다름 아닌 조선의 명문장가이자 《열하일기》의 저자 박지원의 집이었고 낭랑한 목소리의 주인공은 그의 손자 박규수였습니다.

　효명세자는 그와 함께 서책을 읽기도 하고 글씨도 함께 쓰면서 "그대가 독서를 이렇듯 좋아하니 내 마땅히 그대를 등용하겠노라."는 약속까지 했습니다. 이 소문이 장안에 자자하게 퍼졌으나 박규수는 자만하지 않고 더욱 공부에 전념했지요.

　효명세자가 대리청정을 하게 되었을 때는 그를 궁궐로 불러 주역 강의를 맡기기도 하는 등, 박규수에 대한 세자의 총애가 대단했지만 미처 등용되기도 전에 세자가 세상을 뜨게 되고 말았답니다. 자기를 알아주는 사람을 잃은 박규수는 효명세자의 죽음을 안타까워하면서 실의의 나날을 보냈습니다. 그런데 이 같은 사실을 전해 들은 세자빈 조씨는 풍양 조씨 일문이 세력을 얻자 그를 전격 발탁했지요. 덕분에 박규수는 조대비가 실권을 잡은 이후로 탄탄한 출세 길을 달리게 됩니다.

　그는 훗날 '셔먼호 사건'의 주역으로 나서는가 하면, 조선 후기의 각

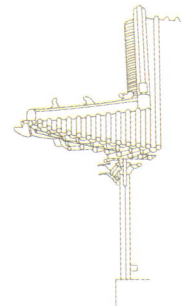

종 외교적 사건에 뛰어난 수완을 발휘하는 외교가로 활약하게 됩니다.

조선의 마지막 황태자 은

고종의 서자 중에 다섯 번째 아들인 영친왕 은은 1897년(고종 34년) 고종과 귀비 엄씨 사이에서 태어났습니다.

이복형인 의친왕과 함께 1900년에 영친왕에 봉해지고, 11세 되던 1907년(순종 원년)에 황태자에 책봉되었지요. 하지만 조선을 집어삼킬 야욕을 가지고 있던 일본은 이토 히로부미 통감으로 하여금 황태자 영친왕을 일본 유학길에 오르게 합니다. 명목은 유학이었으나 성격은 명백히 인질이었지요.

1910년 한일합병으로 국권을 잃고 순종이 폐위되어 이왕(李王)으로 격하되자, 황태자였던 영친왕도 왕세제(王世弟)로 격하되었습니다. 그러다가 일본의 내선일체 정책에 따라 일본 왕족 나시모토의 맏딸인 마사코(方子)와 정략 결혼을 하게 됩니다.

이 밖에도 내선일체 정책에 따른 혼인을 하게 된 경우는 고종의 서녀 덕혜옹주와 종무지의 결혼, 의친왕의 아들 이건과 광교성자와의 혼인 등이 있습니다.

1926년 순종이 서거하자 영친왕은 형식상으로 왕위 계승자가 되어 '이왕(李王)'이라 불렸으나 우리나라로 다시 돌아오지 못하고

일본에 강제로 머물게 되었습니다. 그곳에서 철저한 일본식 교육을 받았으며 일본 육군사관학교와 일본 육군대학을 나와 일본군 육군 중장을 지내기도 했습니다.

1945년 해방이 되어 귀국하려고 했지만 국교 단절과 국내 정치의 벽에 부딪쳐 귀국하지 못했지요. 그 후 1963년 11월, 당시 국가재건최고회의 의장이었던 박정희의 주선으로 국적을 회복하고 부인 이방자 여사와 함께 귀국하게 됩니다.

조국을 떠난 지 56년 만의 일이었습니다. 하지만 그는 오랫동안 병을 앓아 실어증에 시달리고 있었습니다. 그러나 생전에 그의 꿈인 불우한 이웃을 돕고자 1966년에 심신장애자 재활원인 '자행회'를 세우고, 1967년에는 신체장애자 훈련원인 '명휘원'을 설립하기도 했습니다. 명휘(明暉)는 그의 아호입니다.

하지만 1970년, 그의 나이 74세에 자신의 뜻을 널리 펴기도 전에 오랜 지병인 뇌혈전증으로 세상을 떠나고 맙니다.

그가 죽은 뒤에 이방자 여사는 정신박약아 교육 시설인 자혜학교, 신체장애자 교육 시설인 명혜학교 등을 설립하며 영친왕의 뜻을 꾸준히 이었습니다. 이방자 여사와의 사이에 두 아들을 두었으나, 맏아들은 어려서 죽었고 둘째 아들은 미국인과 결혼하여 미국으로 귀화했답니다.

묘소는 경기도 남양주 금곡동 홍유릉 내에 있는 '영원'이며, 1989년에 이방자 여사도 이곳에 함께 묻혔습니다.

제5장

왕자와 종친은 어떻게 살았을까?

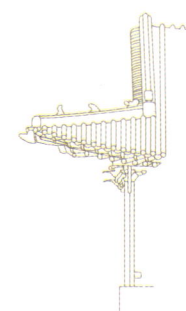

왕자는 어떻게 살았을까?

보통 임금의 아들을 왕자라고 부르지만, 정확하게 구분하자면 왕자(王子)와 왕자군(王子君)으로 나눠야 합니다. 이때 왕자란 임금의 적자만을 가리키고, 왕자군은 서자를 뜻합니다. 또 적자인 왕자는 '대군(大君)'이라 부르고, 왕자군은 '군(君)'이라 부릅니다. 서자를 굳이 왕자군이라고 부른 이유는 신하들 중에서 군(君)의 칭호를 받은 이들과 구분하기 위해서입니다.

대군과 군은 단지 호칭만 달랐던 것이 아니라 경제적인 혜택도 달랐습니다. 대군은 직전(직책에 따라 주어지는 땅) 225결(1결은 약 1헥타르의 넓이이며, 총 225만 제곱미터이다.)을 받았지만, 군은 직전 180결을 받았던 것만 봐도 알 수 있지요.

왕위 계승권에 있어서도 대군은 항상 군보다 우선합니다. 세자가 왕이 되기 전에 일찍 죽게 되면 다시 세자를 세워야 하는데, 이때 적

자인 대군은 세자가 될 가능성이 있지만, 적자가 있는 경우엔 서자인 군은 세자를 꿈꿀 수도 없습니다.

 태종이 양녕대군을 폐세자한 후에 적자 중 셋째인 충녕(세종)을 세자로 세운 일이나, 세조가 아들 의경세자가 죽자 적자 중 둘째인 해양대군(예종)을 세자로 세운 일들이 그 좋은 예입니다. 그러나 적자가 없을 경우엔 서자도 왕위를 받을 수 있었습니다. 서자로서 최초로 왕위를 받은 인물은 광해군이며, 영조, 순조 등도 서자로서 왕위에 올랐답니다.

 이러한 적자와 서자의 차별은 당대에만 한정되는 것이 아니라 후손에게도 적용되었습니다. 그래서 대군의 대를 이을 적자는 종1품 벼슬을 받지만, 군의 적자 중 맏아들은 정2품의 벼슬을 받습니다. 또 대군의 적자 장손이 정2품 벼슬을 받지만, 군의 적자 장손은 종2품 벼슬을 받습니다. 물론 벼슬에 차이가 있는 것처럼 녹봉과 직전에도 차이가 있었지요.

조선 왕조가 이렇듯 적자와 서자의 차별을 둔 것은 '일부일처제'의 원칙을 지켰기 때문입니다. 얼핏 생각하면 조선 사회가 '일부다처제' 인 것으로 착각하기 쉽지만, 엄밀한 의미에서 보자면 첩은 부인이 아니라 아랫사람일 뿐입니다.

왕은 왕비를 비롯해 여러 후궁들을 거느리고 살지만, 왕의 부인은 오직 왕비뿐입니다. 나머지 후궁들은 벼슬을 받은 신하에 불과하지요. 그런 까닭에 왕비는 벼슬을 받지 않습니다. 부부는 평등한 관계이기 때문에 남편으로부터 벼슬을 받을 수 없는 것이지요. 하지만 후궁들은 모두 벼슬을 받으며, 벼슬에 따라 대접도 달라집니다. 왕으로부터 벼슬을 받는다는 것은 바로 왕의 신하라는 의미랍니다.

이런 원칙은 일반 가정에서도 그대로 지켜졌습니다. 민가(民家)에서도 첩은 어디까지나 그 집안의 아랫사람에 불과했습니다.

이렇듯 적서의 차별이 있긴 했지만, 왕자든 왕자군이든 간에 일반인들보다 엄청난 특혜와 특권을 누렸습니다. 그들은 품계가 없는 무품 벼슬을 받는데, 정1품 벼슬보다 많은 녹봉과 토지를 받았고, 노비도 수십 명씩 거느렸습니다. 웬만한 범죄를 저질러도 매 한 대 맞는 일이 드물었고, 사람을 십여 명이나 죽이고도 사형은커녕 매질도 받지 않고 유배되는 것이 고작이었습니다. 그래서 심성이 악한 왕자들은 백성들을 함부로 구타하거나, 남의 첩을 빼앗아 오거나, 처녀를 겁탈하는 일도 잦았답니다. 그런 까닭에 백성들은 왕자들과 접촉하는 것을 몹시 꺼렸습니다.

하지만 왕자들의 정치적 발언은 엄격하게 금지되었습니다. 왕실에서 정치적 발언을 할 수 있는 권리는 왕에게만 있었기 때문에 왕자들이 정치적 발언을 하면, 그것은 곧 왕권에 대한 도전으로 보았습니다. 왕권에 대한 도전에는 철저한 응징이 뒤따랐고, 사안이 심각할 때엔 극형에 처해질 수도 있었습니다.

특히 역모와 연관될 때에는 대부분 죽음을 당했답니다. 자신이 직접 행동하거나 가담한 경우는 물론이고, 반역도들의 추대를 받았다는 말만 돌아도 사형감이었습니다. 물론 자신이 추대되었다는 사실조차 모르는 경우에도 마찬가지였습니다.

세상이 어수선할 때엔 왕의 아들이라는 사실만으로도 왕을 위협하는 일이 되어 죽을 수도 있었습니다. 당파 간에 치열한 싸움이 벌어질 땐 언제 어디서 역모에 대한 고발이 있을지 몰라 안절부절못하며 살아야 했습니다. 왕자들은 왕의 친척이면서 왕위를 위협하는 경쟁자로 여겨졌기 때문입니다.

정치가 불안할수록 왕자들의 삶은 더 고달파집니다. 특히 일부 세력이 정권을 완전히 장악한 상황에서는 산다는 것이 그야말로 살얼음판 위를 걷는 것과 다름없었답니다. 외척들이 조정을 좌우하던 순조, 헌종, 철종 시절에는 왕족이라는 이유만으로 죄인이 되고, 유배지를 전전해야 했으며, 사형을 당해야 했습니다. 그렇다 보니, 80년 가까이 외척 독재 시대가 지속된 조선 말에는 왕자는 고사하고 왕실의 먼 종친조차도 씨가 말라 버리는 현상이 일어났답니다.

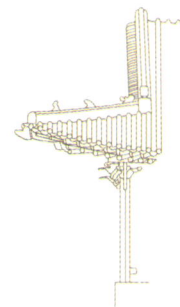

종친은 어떻게 살았을까?

왕실의 종친은 임금과 같은 성씨를 쓰는 친족을 말합니다. 이들 종친의 아들들은 8세가 되면 반드시 종학(宗學)에 입학해 공부해야 했습니다.

종학은 왕족의 교육을 담당하던 기관으로 세종 대인 1428년에 설립했습니다. 그리고 이듬해 1429년에 건춘문 밖에 따로 학사를 짓고 학칙을 제정하면서 제대로 운영하기 시작했지요.

이곳에 입학한 종친들은 정해진 과정을 이수하고, 일정한 수준의 학문 능력을 갖춰야만 졸업할 수 있었습니다. 나이 먹도록 일정한 수준의 학문을 갖추지 못한 사람은 40세가 될 때까지 계속 종학을 다녀야만 했지요. 그래서 공부를 잘하지 못하는 종친들은 종학에 다니는 것을 고문처럼 여겼답니다.

흔히 종친은 벼슬을 할 수 없었다고 알고 있지만, 조선 초부터 성종 즉위까지는 종친도 조정에 진출할 수 있었습니다. 덕분에 수양대군과 구성군 이준 같은 인물은 영의정 벼슬을 하기도 했습니다. 하지만 성종이 즉위하면서 종친의 조정 진출은 금지되었습니다. 나이 어린 왕이 즉위한 상황에서 구성군 같은 유능한 종친이 조정의 권력을 장악하면 왕권이 위태로워진다고 판단했기 때문입니다. 이 법이 생길 당시에 구성군은 별다른 죄도 없이 유배되었답니다.

　조선 초부터 성종 초기까지는 종친도 일반 양반들과 마찬가지로 대과와 소과에 응시할 수 있었습니다. 그런데 성종 2년인 1471년에 대사간 김수령의 주장으로 종친의 과거 응시가 금지되었지요. 그 뒤, 1484년에 종친만 응시할 수 있는 종친과가 마련되었지요. 비록 관리의 임용을 목적으로 하진 않았지만, 종친의 학문 권장을 위해 특별히 실시한 것입니다. 식년시(3년마다 정기적으로 치러지는 과거) 다음 해에 실시되는 이 시험에는 정3품 이하의 종친만 응시할 수 있었습니다. 그러나 중종 대에 종친과마저 폐지되고 말았습니다. 선조 대에 종친부에서 종친과를 다시 만들자고 주청하고, 이항복이 함께 주장했지만 실현되지는 않았습니다.

　그렇다고 모든 종친이 과거 응시의 기회를 갖지 못했던 것은 아니었습니다. 종친 가운데 왕으로부터 5대 이상을 넘어가는 사람들에게는 과거 응시의 기회를 주었고, 조정에 진출할 수 있도록 했으니까요.

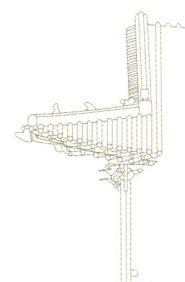

종친부와 종부시

왕자들은 종친부에 소속되어 왕실과 관련한 업무를 관장해야 할 책임이 있었습니다. 종친부는 비록 정치적 실권은 없지만, 형식적으로는 의정부보다 서열이 높은 최고 관청이었습니다. 의정부를 관장하는 영사가 정1품이었지만, 종친부를 관리하는 대군이나 군은 무품이었기 때문이지요.

종친부의 업무는 왕실의 근황이나 역대 왕의 영정을 관리하고 종친들의 사적을 기록한 《종친부등록》을 편찬했습니다. 또 종실 소유의 토지와 전답에 대한 관리와 분쟁을 해결하고, 종실 자손들의 대우에 대한

일들을 맡아서 처리했습니다.

이때 종친부의 영사에 해당하는 영종정경은 대개 대군 중 한 사람이 맡았습니다. 그러나 가장 높은 항렬에 대군이 없으면 군이 맡기도 했지요.

종친부에는 무품 벼슬인 대군과 군을 포함해 정6품부터 정1품까지의 벼슬이 있는데, 이들은 모두 임금과 직접적인 혈연관계에 있는 친족들입니다.

왕자들이 관장하는 또 하나의 기관은 종부시입니다. 종부시는 왕실 자손들의 족보를 만들고, 종실의 범법 행위를 조사해 규탄하는 임무를 띠었습니다. 또 종친 간의 친목을 꾀하고 10년에 한 번씩 《선원록》을 편집해서 펴냈으며, 3년에 한 번씩 종실보첩을 작성해 임금에게 올려야 했습니다.

종부시의 최고 직위인 도제조는 대군과 왕자군에서만 임명하도록 되어 있었답니다.

종친부 종친과 관련된 일들을 의논하고 처리하던 곳이다.

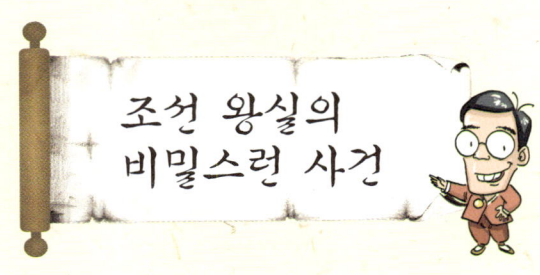

조선 왕실의 비밀스런 사건

이재선 역모 사건

이재선은 흥선 대원군의 서장자(서자 중 맏아들)이고, 고종의 이복형입니다. 그런데 1881년에 안기영, 권정호 등이 고종을 몰아내고 이재선을 추대하려다 실패한 사건이 일어났습니다.

당시 고종은 왕비 민씨를 앞세워 아버지 흥선 대원군을 물러나게 한 뒤, 외척 민씨 일족을 중요한 자리에 임명해 개항하는 등 개화를 서둘렀습니다. 그러나 급격한 개화 시책으로 국가의 기강이 빠르게 무너지고, 여러 가지 시행착오로 국고의 낭비가 심했습니다. 거기다 개방에 반대하던 유림의 반발이 심했는데, 이런 상황에서 황준헌의 《조선책략》이 반포되어 격렬한 위정척사 상소가 이어졌습니다. 이 때문에 민씨 일가가 곤경에 처하자, 승지 벼슬에 있던 안기영이 권정호와 함께 고종을 쫓아낼 음모를 꾸몄습니다.

그들은 보잘것없는 벼슬을 지내며 불만을 품고 있던 이재선을 추대하고, 위정척사 세력과 손잡고 민씨 세력을 몰아내 흥선 대원군을 복귀시키려고 했습니다. 그들은 왜인 토벌을 명분으로 삼아 군대를 모으고 척사 세력(외세를 배격하는 세력)으로부터 자금을 얻으려고 했지만 군대를 모으는 일이 쉽지 않았지요. 그 때문에 흥선 대원군의 이름으로 유생들을 모아 그들과 함께 왕궁을 습격하는 형태로 계획을 바꿨습니다.

흥선 대원군도 이 일에 간접적으로 가담했는데, 막상 계획에 차질이 생기자

자구책으로 음모에 가담했던 강달선, 이두영, 이종학 등을 다른 죄로 형조에 고발하여 유배시켰지요. 그것으로 역모 계획을 은폐하려고 했는데, 불행히도 음모에 참여했던 광주산성장교 이풍래가 포도청에 고발해 버렸답니다.

포도청은 일당 30여 명을 체포해 국문한 끝에 안기영, 권정호, 강달선, 이두영 등이 주모자임을 밝혀냈습니다. 결국, 주모자들은 모두 사형되고 이재선은 제주도에 유배되었다가 사약을 받아 죽음을 당했습니다.

이 사건 덕분에 궁지에 몰렸던 민씨 세력은 기세가 되살아났고, 대원군의 처지는 크게 약해졌답니다.

제6장

공주와 옹주, 부마는 어떻게 살았을까?

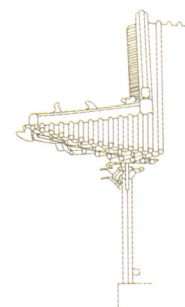

공주와 옹주의 시집살이는 어떠했을까?

　왕의 딸들 중에서 왕비에게서 태어난 적녀를 '공주'라고 하고, 후궁에게서 태어난 서녀는 '옹주'라고 부릅니다. 하지만 조선 건국 시기만 하더라도 적녀와 서녀에 대한 호칭의 구분은 분명하지 않았답니다.

　조선 초에는 국왕의 딸과 후궁을 모두 '궁주'라고 불렀습니다. 그러다 태종 대에 이르러 후궁과 왕비의 딸에 대한 구분이 필요하다는 주장이 대두되어 왕비의 딸을 공주라고 부르기 시작했지요. 또 태종 대에 서자에 대한 차별법이 생김에 따라 자연스럽게 국왕의 딸에게도 차별 규정이 적용되었습니다. 그래서 적녀는 공주, 서녀는 옹주라고 부르게 된 것이지요.

　원래 '옹주'라는 칭호는 왕의 후궁이나 대군의 부인에게도 붙여졌던 것입니다. 하지만 세종 대에 내명부와 외명부에 대한 칭호법이 확립된 뒤부터 옹주는 왕의 서녀를 부르는 칭호로 굳어졌지요.

공주와 옹주는 품계가 없는 무품 벼슬로서 외명부에 속합니다. 얼핏 생각하면 이들은 내명부에 속할 것 같지만, 궁궐에서 자란 뒤에 궁 밖으로 시집을 가기 때문에 외명부가 되는 것이지요.

공주와 옹주 외에도 궁궐에서 자라다 궁 밖으로 시집가는 여자 중에 외명부에 속하는 사람들이 있는데, 바로 군주와 현주입니다. 군주는 세자비의 딸을 말하고, 현주는 세자의 후궁에게서 태어난 딸을 말합니다. 하지만 이들은 무품 작위가 아닙니다. 군주는 정2품이며, 현주는 정3품 당상관에 해당되지요.

이들은 대개 13세를 전후해 결혼을 했습니다. 일반 왕자들의 혼례와 마찬가지로 왕녀들의 결혼을 위해서도 금혼령을 내린 뒤, 몇 명의 부마 후보를 택해 왕과 왕비가 최종적으로 결정했습니다.

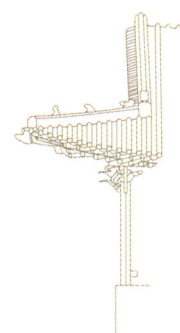

　그런데 대개 부마는 정치적인 이유 때문에 정해지곤 했는데, 그런 까닭에 공주와 옹주는 정치 상황에 따라 처지가 달라지곤 했답니다. 아무리 왕녀의 신분이라고 할지라도 출가한 뒤에는 남편 집안의 처지가 그들의 행복과 불행을 결정지었습니다. 그러나 왕녀들의 삶은 시집의 상황보다는 친정의 처지에 더 크게 좌우되었답니다. 시아버지나 남편, 또는 시집의 친족들이 정치적인 이유로 몰락하더라도 왕녀들은 대체로 신분을 보장받을 수 있었습니다. 그러나 친정이 몰락하는 경우엔 신분 보장은 고사하고 목숨을 부지하기도 힘들었습니다.

　예컨대 문종의 딸인 경혜공주는, 동생 단종이 쫓겨난 뒤에 남편은 사약을 받아 죽고 그녀는 순천의 관비가 되어 살아야 했습니다. 성종의 서녀 공신옹주도 어머니 귀인 엄씨가 연산군의 어머니를 내쫓은 일에 연루되어 죽음을 당했지요. 또 성종의 또 다른 서녀 정혜옹주도 같은 사건으로 어머니 귀인 정씨의 죄에 연루되어 유배지에서 노비로 살아야 했습니다.

　광해군에게도 서녀가 한 명 있었는데, 광해군이 폐위된 이후에 서인으로 전락하여 어렵게 살아야 했으며, 폐위된 연산군의 두 딸들도 같은 신세로 살아야 했습니다. 중종의 딸 혜순옹주는 경빈 박씨의 딸인데, 경빈 박씨가 '작서의 변'으로 누명을 쓰고 죽자 평민으로 전락해 살아야 했으며, 그녀의 동생 혜정옹주도 이 사건에 연루되어 남편을 잃고 평민으로 살았습니다.

　왕녀들도 당대의 모든 여자들과 마찬가지로, 남편이 다른 여자에게 마음을 빼앗기는 것에 속상해 하고, 남편의 무관심에 눈물을 흘리며

사는 일이 많았습니다.

　태종의 넷째 딸 정선공주는 남휘와 결혼했는데, 남편이 다른 사람의 첩을 빼앗아 와서 첩으로 삼는 바람에 망신살이 뻗치기도 했습니다. 그녀는 남편과 별로 사이가 좋지 않았던 모양인데, 심지어 그녀가 죽은 뒤에도 남휘는 눈물조차 흘리지 않았고, 그 일로 탄핵을 당하기까지 했다고 합니다. 그래도 반성하는 기미가 없자, 세종은 그를 유배시켜 버렸습니다.

　왕녀들은 재가나 개가를 할 수 없었습니다. 재가란 남편이 살아 있을 때 이혼하고 다른 남자에게 시집가는 것을 말하고, 개가란 남편이 죽은 다음에 다른 남자에게 시집가는 것을 말하지요. 대개 조선 민가의 아낙들에게는 재혼과 개혼이 허락되었던 것에 비하면, 왕녀들은 결혼 생활의 폭이 좁았답니다.

　그러나 당시 일반적인 여성들과 비교할 때, 왕녀들의 삶은 부유하고 호화로웠으며 평탄했습니다. 왕녀라는 신분 덕분에 늘 특권을 누렸고, 경제적으로도 엄청난 혜택을 누렸으며, 반역에 관계된 일이 아니면 웬만한 잘못을 저질러도 형벌을 받는 일이 드물었습니다. (공주와 옹주는 남편의 직책에 따라 녹봉과 토지를 받았는데, 남편이 죽어도 살아 있을 당시의 남편 직책에 맞는 대접을 받았다.)

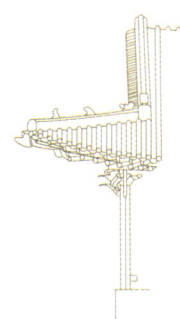

부마는 어떻게 살았을까?

부마는 '부마도위(駙馬都尉)'의 약칭인데, 임금의 사위에게 주던 칭호입니다. 우리나라에서 이 명칭을 최초로 쓴 시기는 고구려 때입니다. 《신당서》를 보면 고구려에서는 왕녀에게 장가든 사람을 부마도위로 불렀다고 기록되어 있습니다.

대개 조선 시대의 부마들은 관리가 될 수 없다고 알려져 있지만 꼭 그렇지는 않았습니다. 조선 초기만 하더라도 부마들은 군대를 통솔하는 요직을 맡았습니다.

태조의 맏사위 이애(이저)는 의정부 찬성사를 지내고, 셋째 사위 이제는 우군절제사를 지내는 등 벼슬에 제한이 없었습니다.

그리고 태종의 둘째 사위 조대림과 셋째 사위 권규가 요즘의 군사 령관에 해당하는 도총제를 지냈습니다. 즉, 태종 대엔 사위들이 거의 군대를 통솔하는 임무를 맡았다는 것을 알 수 있습니다.

이 시기엔 부마들에게 위(尉)의 호칭을 쓴 것이 아니라 군(君)의 칭호를 사용했습니다. 태조의 부마들의 호칭을 보면 맏사위 이저는 상당군, 둘째 사위 심종은 청원군, 셋째 사위 이제도 흥안군으로 불렀습니다. 또 태종의 맏사위 이백강은 청평군, 둘째 사위 조대림은 평양군, 셋째 사위 권규는 길창군 등으로 불렀지요.

이때 군(君) 칭호 앞에 대개 자신의 본향(본래 고향)을 붙이는데, 만약 다른 이가 같은 본향을 사용하고 있다면 비슷한 명칭을 사용했습니다.

하지만 세종 26년인 1444년에 부마에 대한 호칭과 대우에 굉장한 변화가 옵니다. 이성제군부는 부마부로 고쳐지고, '군'으로 부르던 칭호도 한 급 아래인 '위'로 강등되지요. 또 부마는 더 이상 조정의 행정 관료로 임용하지 않게 되었답니다.

조선 왕조가 자리를 잡으면서 왕권은 강화되었지만, 부마의 처지는 크게 나빠진 것이지요. 이후로 부마는 왕실의 예식이나 외교적인 관례에나 참석하는 처지가 되고 말았습니다.

부마부는 이후에 다시 의빈부(儀賓府)로 이름이 바뀝니다. 의빈부 규정에 따르면 공주나 옹주에게 장가든 사람에게는 모두 '위'의 벼슬이 주어졌습니다. 하지만 공주에게 장가든 부마는 첫 벼슬이 종1품이고, 옹주에게 장가든 부마의 첫 벼슬은 종2품입니다. 그리고 위치가 격상되면 종5품은 정2품으로, 종1품은 정1품으로 승격됩니다.

군주에게 장가든 사람은 정3품 부위(副尉)의 벼슬을 받고, 현주에게 장가든 사람은 종3품 첨위(僉尉) 벼슬을 받습니다. 그런데 군주는 정2품이고, 현주는 정3품이기 때문에 군주와 현주의 부마들은 아내보다

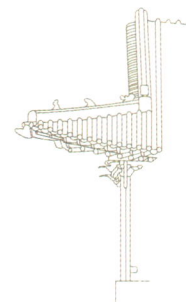

계급이 낮았습니다. 비록 부부지만 벼슬로 따지만 아내가 더 높은 것이지요.

부마들은 왕실의 상황에 따라 삶과 죽음이 결정되는 경우가 많았습니다. 태종이 방석을 죽이고 정권을 장악했을 때, 방석의 매형이자 경순공주의 남편이었던 이제는 정도전 일파로 지목되어 살해되었습니다. 또 단종의 매형 정종은 단종이 유배되자 사약을 받고 죽어야 했으며, 연산군이 직접 죽였던 성종의 후궁 귀인 엄씨의 사위였던 한경침은 작위와 재산을 모두 뺏기고 유배지에서 처참하게 죽었습니다. 이들 외에도 왕실의 권력 구도에 따라 많은 부마들이 죽거나 유배되는 일이 아주 많았습니다.

부마들은 부인인 왕녀가 먼저 죽어도 재혼하지 못했습니다. 부마 중에는 재혼을 승인해 달라는 상소를 올린 자도 있었는데, 한 번도 승낙된 적이 없습니다. 왕녀와 부마는 너무 어린 나이에 결혼했기 때문

에 십 대를 넘기지 못하고 죽는 왕녀도 많았지요. 하지만 이럴 경우에도 부마는 재혼할 수 없었습니다. 그래서 왕녀가 죽은 뒤로 부마가 얻은 부인은 모두 첩으로 대접 받았고, 그녀가 낳은 자식들도 모두 서자로 처리되었습니다.

이렇듯 부마들은 움직임의 폭이 좁았지만, 왕실과 사돈을 맺을 경우 얻는 이익이 적지 않았습니다. 그래서 권세를 탐하던 사람들은 줄을 대서라도 아들을 부마 자리에 올리곤 했지요.

중종과 연산군 시대를 풍미했던 임사홍과 중종 대의 권신 김안로가 대표적인 이런 인물이라고 할 수 있습니다. 임사홍은 아들 숭재를 성종의 서녀 휘숙옹주와 결혼시켜 왕실과 돈독한 관계를 맺은 뒤, 아들을 이용해 연산군을 좌지우지했습니다. 하지만 연산군이 폐위되면서 그는 맞아 죽어야 했습니다.

또 김안로는 아들 희를 중종의 장녀 효혜공주와 혼인시키고 권력을 장악하려 했지만, 효혜공주가 일찍 죽는 바람에 큰 덕을 보지 못했습니다. 그러나 권력 암투에서 패배하여 유배되었을 땐, 아들이 부마로서 왕에게 부탁한 덕에 풀려나는 혜택을 누리기도 했고, 또 세자(인종)를 보호하겠다는 명분을 세워 권력을 잡기도 했습니다. 그러나 그도 임사홍처럼 권력 싸움에서 패배해 처참한 끝을 맞이해야만 했지요.

이런 의미에서 보면 부마는 권력을 탐한 아버지의 희생양이기도 했습니다. 비록 본인은 출세의 길을 가지는 못하지만, 아버지와 형제들의 출세에 징검다리 역할을 했던 것이지요.

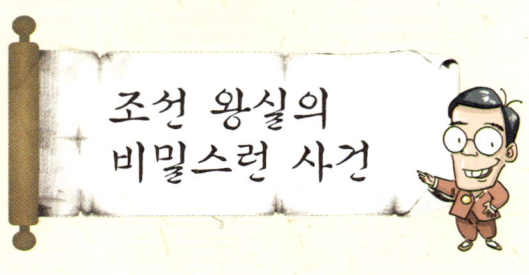

조선 왕실의 비밀스런 사건

이준용 옹립 사건

1886년에 청나라의 주차조선총리교섭통상사의로 온 원세개는 고종을 내쫓고 이준용을 왕으로 세운 다음, 흥선 대원군을 섭정으로 세우려는 음모를 꾸밉니다. 바로 이것이 이준용 옹립 사건이랍니다.

이준용은 대원군의 적장자 이재면의 아들이며, 고종의 조카였습니다. 당시 원세개는 고종이 러시아와 미국에 기대어 청을 견제하려 하자, 고종을 내쫓

고 흥선 대원군을 내세우는 것이 청에게 유리하다고 판단했습니다. 하지만 아들을 내쫓고 아버지를 왕으로 세우는 것은 있을 수 없는 일이므로, 흥선 대원군의 적손 이준용을 왕으로 세우려 했던 것이지요. 그러나 이 음모는 이홍장의 협조 거부와 복잡한 주변 상황 때문에 실패했습니다. 그런데 이준용을 왕으로 세우려는 음모는 그것으로 끝나지 않았습니다. 청나라에 이어 이번엔 흥선 대원군이 이준용을 왕으로 옹립하려 한 것입니다.

1894년 7월 23일, 흥선 대원군은 일본군의 지원을 받아 정권을 장악하고 집권하는 데 성공했습니다. 그리고 며칠 뒤에 이준용을 내무장관에 해당하는 내무아문협판에 임명했습니다. 당시 이준용은 27세의 젊은 청년이었지요. 그와 함께 흥선 대원군은 이준용 일파인 이태영, 박준양 등을 군국기무처 회의원으로 발탁해 이준용의 즉위를 돕도록 했습니다. 하지만 이 계획은 일본공사관과 근왕파 대신들의 반발로 무산되었답니다.

흥선 대원군의 음모는 곧 발각되었고, 고종은 그해 12월에 새로 임명한 내무대신 박영효, 법무대신 서광범에게 이준용을 체포하라는 명령을 내렸습니다. 체포된 이준용은 특별재판소에서 재판을 받고 종신 유형을 선고 받았지요. 또 그의 도당들인 박준용, 이태용 등 핵심 세력 5명이 모두 교수형에 처해졌지요.

선고 당일 고종은 흥선 대원군과 이재면의 입장을 고려해 이준용의 형량을 10년 유형으로 감형하고, 교동도에 유배시켰습니다. 하지만 이준용은 일본 유학을 명분으로 출국했다가 1907년 7월에 순종이 즉위한 이후에 돌아왔습니다.

제7장

외척은 어떻게 살았을까?

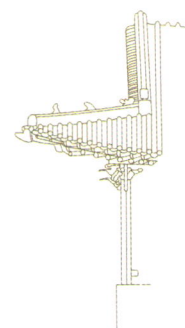

어떤 사람을 외척이라고 할까?

외척이란 좁은 의미로는 외가(外家)를 일컫지만, 넓은 의미로는 친인척 중에 성씨가 다른 모든 사람을 다 포함합니다. 그런데 친인척이란 개념이 매우 모호하고 복잡하기 때문에, 외척에 대한 규정도 간단하지 않습니다.

친인척이란 친척과 인척을 합친 개념입니다. 친척이란 부모의 혈육들을 의미하고, 인척은 배우자의 혈육을 의미합니다. 따라서 친척은 친족과 외가를 통틀어 말하는 것이고, 인척은 배우자의 친족과 외가를 통틀어 말하는 것이지요. 그렇기 때문에 동성동본(성씨가 같고 본이 같은 관계)의 결혼을 금지하던 왕실에서는 왕의 외가와 인척은 당연히 왕과 성씨가 다를 수밖에 없었습니다. 외숙, 외조부 같은 외가 사람들과 장인, 처남, 동서 등 배우자의 가족들은 왕실의 성씨인 전주 이씨일 수 없다는 것이지요. 매형이나 매제, 제수 등과 고종사촌, 이종사촌 등도 마찬가지였습니다.

　이렇게 볼 때 외척은 외가뿐 아니라 본가와 처가에서도 형성된다는 것을 알 수 있습니다. 이를 구체적으로 나열하자면 외가 쪽에선 외조부, 외조모, 외숙, 외숙모, 외사촌, 이모, 이모부, 이종사촌 등이 해당되고, 본가 쪽에선 고모부와 고종사촌, 제수, 형수, 매제, 매형과 조카로 불리는 그들의 자녀들이 모두 해당됩니다. 또 처가 쪽에선 장인과 장모, 처남과 처제, 처형, 동서, 처숙부, 처숙모, 처조카 등이 해당되지요. 조선의 왕과 이런 관계에 있는 모든 사람이 다 외척인 것입니다. 그래서 조선 왕조에서 신하들 중에 외척에 해당되는 인물은 생각보다 훨씬 많고 복잡합니다.

　예를 들어 태종의 외척들을 살펴볼까요?

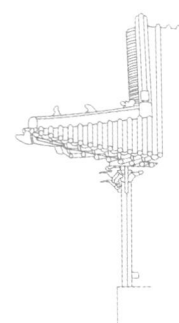

우선 본가 쪽에서 형성된 외척으로 아버지 계통이 있습니다. 여기엔 자신을 제외한 나머지 7형제의 부인들, 2명의 누나와 3명의 여동생들의 남편들, 그리고 누나와 여동생들의 자녀가 일차적으로 해당됩니다. 여기에 할아버지 계통에서 발생한 숙부 2명의 부인과 그 자녀들의 부인, 1명의 고모부와 그 자녀가 더해집니다.

다음으로 외가 쪽에서 발생한 외척으로는 태종의 친어머니인 신의왕후 한씨, 계모인 신덕왕후 강씨, 서모(아버지의 첩)인 성비 원씨와 정경궁주 유씨, 화의옹주 김씨 등의 친족들이 있습니다.

그리고 마지막으로 자신의 처족인데 매우 복잡합니다. 태종은 1명의 왕비와 9명의 후궁을 뒀는데, 그들 처족들의 수만 해도 헤아리기조차 벅찰 정도입니다. 하지만 여자들은 외척이라고 해도 바깥 활동을 하지 않았기에 정치적 의미에선 외척 개념에서 제외됩니다. 따라서 당시 조정의 신료로 활동했던 남자들만 대충 따져 볼까요?

우선 본가 쪽에서 발생한 외척을 살펴보면, 태종의 고모 정화공주의 남편 조인벽이 있고, 그의 아들 조온이 있습니다. 조인벽은 고려 왕조에서 벼슬을 하다 조선 개국 이후에 용원 부원군에 책봉된 인물이고, 조온은 의정부에서 찬성사를 지낸 인물이니 꽤 힘 있는 외척이라 할 수 있습니다. 또 이성계의 이복형에게 딸이 셋 있었는데, 장녀는 장담에게 시집갔고, 차녀는 변계량에게 시집갔다가 이혼해서 유정현에게 재가했고, 셋째는 홍노에게 시집갔다가 이혼하고 변처후에게 재가했습니다. 이성계의 이복동생 이화에게도 딸이 하나 있는데, 그녀도 처음엔 고려 종실 왕아무개에게 시집갔다가 이혼하고 최주에게 재가했습니다. 그렇다면 장담, 유정현, 변처후, 최주가 모두 태종의 외척인 셈입니다. 유정현은 영의정까지 지냈고, 변처후도 당대의 권력 있는 신하였으니 외척으로서 권력을 누린 셈이지요.

누나와 여동생의 남편들을 살펴보면 큰누나 경신공주의 남편 이애, 둘째 누나 경선공주의 남편 심종, 이복 여동생 경순공주의 남편 이제, 의령옹주의 남편 이등, 숙신옹주의 남편 홍해 등이 모두 외척입니다. 이애는 영의정을 지낸 이거이의 장남으로서 정치적으로 많은 영향력을 가졌고, 심덕부의 아들 심종은 방간과 내통하다 유배되어 죽었습니다. 그리고 이인립의 아들 이제는 방원의 난 때에 방석의 측근으로 분류되어 죽었답니다. 하지만 이들 세 사람은 한때 막강한 권력을 휘두르던 인물이라는 공통점이 있습니다. 다만 심종과 이제는 태종의 반대편에 선 까닭에 화를 당했을 뿐이지요.

다음으로 태종의 처족으로서 외척 반열에 오른 인물을 살펴보면, 태종의 장인 민제가 있고, 처남 무구, 무질, 무휼, 무회 등이 있으며, 손위 동서인 조박이 있습니다. 이들은 한때 막강한 권력을 휘두르며 조정을 좌지우지했습니다. 하지만 민무구와 그의 형제들은 태종의 경계와 의심을 받아 유배되어 죽는 불행한 처지가 되었지요.

여기에 17명이나 되는 태종의 부마와 그 자손들도 외척에 포함됩니다.(엄밀히 따지면 태종의 부마들은 세종의 외척에 해당한다.) 태종 대에만 해도 부마들이 조정의 관료로 임용되었던 점을 감안하면, 태종의 외척으로서 조정의 신하가 된 사람만 해도 엄청난 수라는 것을 알 수 있습니다. 그러니 조선 27왕의 외척을 일일이 따지는 것은 보통 복잡한 일

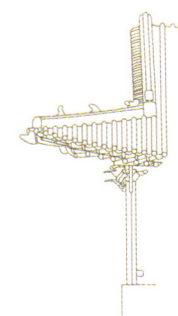

이 아니지요.

  이렇게 친인척을 따져 보니 머릿속이 빙글빙글 돌지요? 사실 어른들도 이런 친인척 관계는 잘 모른답니다. 요즘은 촌수 따지는 일도 별로 없는데, 이렇게 왕실의 친인척 관계를 따지려고 하니 머리가 아픈 것은 당연해요. 하지만 역사를 공부하다 보면 이렇게 머리 아픈 일들도 있다는 것을 알게 될 거예요. 그럴 때는 무조건 외우려고 하지 말고 왕실의 친인척이 매우 복잡하다는 정도만 이해해 두면 좋겠습니다.

조선 왕조를 주름잡은 외척들

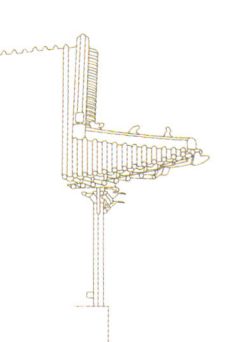

외척을 크게 본가 출신, 외가 출신, 처가(아내 집안) 출신으로 나눠 봤는데, 이들 중에서 정치적 영향력을 가장 크게 행사한 외척은 역시 처가 사람들입니다. 특히 왕의 장인과 처남이 외척의 중심이 되었지요.

조선 왕들의 주요 외척들을 시대별로 한번 살펴볼까요?

태조의 정비는 신의왕후 한씨와 신덕왕후 강씨입니다. 한씨의 동복형제는 한창수밖에 없었는데, 그는 세종 대까지 살며 돈령부 부사를 지냈고, 아들 융전도 돈령부 지사를 지냈습니다. 하지만 돈령부 벼슬은 처족들이 의례적으로 받는 것이었기 때문에 이들은 그다지 큰 영향력을 가졌다고 볼 수 없답니다. 그리고 강씨에게 동복형제가 4남 1녀 있었는데, 순룡과 득룡, 유권, 계권 등 네 명의 오빠는 조정에서 그다지 큰 역할을 하지 못했지요.

정종은 태종을 대신해 왕위에 올랐기 때문에 외척이 힘을 쓸 수가

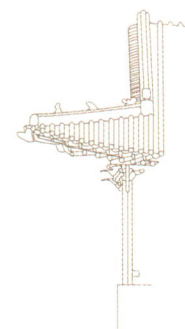

없었고, 태종 대에는 주로 원경왕후 민씨의 동생인 민무구와 민무질이 외척으로서 큰 영향력을 휘둘렀습니다. 하지만 태종의 미움을 받아 자신들은 물론이고, 아우들까지 모두 죽음을 당하는 지경에 처했답니다.

세종 대의 주요 외척인 소헌왕후의 아버지 심온과 그의 동생 심정은 한때 막강한 정치 세력으로 떠올랐지만, 태종이 지나치게 외척을 경계하여 형장의 이슬로 사라졌고 자손들로 모두 노비가 되었답니다.

문종의 장인 권전은 일찍 죽어 국구(임금의 장인)로서 영화를 누리지 못했고, 세조의 왕위 찬탈 이후에는 아들 권자인마저 단종복위 사건에 연루되어 죽음을 당했습니다.

단종의 장인 송현수는 원하지도 않는 국구에 올라 수양대군의 눈치만 보다가 세조 즉위 이후에 단종복위 사건과 연루되었다는 혐의를 쓰고 교수형에 처해졌습니다. 다행히 그의 아들 송거는 성종의 배려로 과거를 치르고 벼슬을 할 수 있었답니다.

세조의 장인 윤번은 세조가 즉위하기 전에 죽었고, 정희왕후의 형제들인 사분과 사윤, 사흔은 모두 영화를 누렸습니다. 윤사분은 정승 벼슬을 했고, 윤사윤은 조선의 4대 갑부에 드는 부자로 살았으며, 윤사흔도 정승 벼슬을 지냈습니다.

예종과 성종의 장인 한명회는 세조를 즉위시킨 공신이며, 세조와 예종, 성종 대에 가장 영향력 있는 대신으로 여러 차례에 정승 자리에 올랐습니다. 성종의 또 다른 장인 윤호는 우의정 벼슬을 했고, 그의 아들 탕로는 실력도 없고 평판도 나빴지만 외척이라는 이유로 공조참의 벼슬에 올랐습니다.

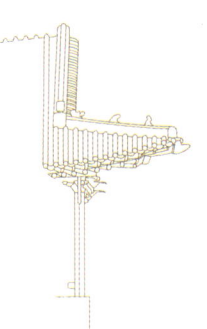

연산군의 장인 신승선은 국구라는 이유로 영의정이 되었고, 그의 세 아들도 판서와 정승을 지냈습니다. 하지만 연산군이 폐위되어 몰락했지요.

중종 대엔 주로 처남들이 활개를 쳤습니다. 중종의 두 번째 왕비 장경왕후의 형제 윤임과 세 번째 왕비 문정왕후의 형제 윤원형은 서로 대립하며 정권을 다투었습니다. 인종이 왕위에 올랐을 땐 윤임이 정권을 잡았지만, 명종이 왕위에 오르자 윤임은 화를 입고 윤원형이 득세했습니다. 그러나 문정왕후의 죽음과 함께 윤원형도 몰락했습니다. 윤원형의 형 원로는 원형과 힘 겨루기를 하다가 죽음에 이르기도 했습니다.

인종의 장인 박용은 인종이 왕위에 오르기 전에 죽었고, 그의 아들 박치도 출세하지 못했습니다. 명종의 장인 심강은 한때 큰 세력을 얻었고, 그의 아들 심의겸은 김효원과 대립해 사림을 갈라지게 한 장본인이기도 했습니다. 의겸은 물론이고 동생 충겸도 판서를 지내는 등 권세를 누렸답니다.

선조의 장인 박응순은 청렴하여 권세를 탐하지 않았지만, 또 다른 장인 김제남은 영창대군을 추대하려고 했다는 죄목을 쓰고 죽었습니다.

광해군의 장인 유자신은 한성부윤을 지냈으며, 그의 아들인 희분과 희발, 희량은 광해군 때엔 인목대비 폐모론을 주도하는 등 대북파 정권의 핵심 세력이었습니다. 그러나 인조반정 후에 참형에 처해지거나 유배되었지요.

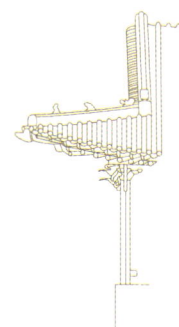

　인조의 장인 한준겸은 한성부윤 시절에 능양군(인조)을 사위로 맞아들였는데, 그는 영창대군을 보호해 줄 일곱 사람 중 한 사람이었기 때문에 광해군 시절엔 잠시 어려움을 겪었습니다. 그러나 여진족의 침입 때 광해군이 그를 오도 도원수로 삼는 등 중요한 직책에 앉혔습니다. 그런 상황에서 인조반정이 일어나 영돈령 부사에 올랐지요. 하지만 그의 가족들은 병자호란 때 궁궐에 피신했다가 거의 몰살했습니다. 인조의 다른 장인 조창원은 현종 대까지 예조 참의 등을 거쳤으나 큰 세력을 얻진 못했습니다. 다만 그의 조카 조사석이 우의정을 지내는 등 많은 혜택을 보았습니다.

　효종의 장인 장유는 병자호란 때 최명길 등과 함께 청나라와 친하게 지내자고 주장하고, 이후엔 우의정에 올랐습니다. 그의 아들도 현종 대에 대사헌, 우참찬 등을 지냈으나, 숙종 대엔 송시열을 편들다 유배되었지요. 이후로 정치에 회의를 품고 시골로 내려가 살았습니다.

　현종의 장인 김우명은 오위 도총관 등을 지냈으며, 같은 서인 계열인 송시열을 탄핵하기도 했습니다. 그러나 남인의 우두머리 허목, 윤휴 등과 다툼이 생겨 벼슬을 버리고 세상 밖으로 나오지 않으며 만년을 보냈습니다. 그의 아들 석달, 석연, 석인 등은 참판, 판서 벼슬을 지냈습니다. 하지만 김우명 집안에서 가장 권력에 가까이 다가간 인물은 조카 김석주였습니다. 김석주는 우의정을 지내며 권좌에 올랐으나, 서인 소장파들과 다툼이 생기는 바람에 서인이 노론과 소론으로 갈라지는 데 결정적인 이유를 제공했습니다.

　숙종의 장인 김만기는 숙종 시절에 총융사가 되어 병권을 지휘했고, 학문을 인정받아 대제학에 오르기도 했습니다. 그의 아들 진구와 진규는 판서와 대사성 등을 역임했고, 아버지의 명성을 이어 학문과 문장으로 이름을 날리기도 했습니다. 숙종의 다른 장인 민유중은 병조 판서를 지내는 등 조정의 핵심 인물이었으나 국구가 된 뒤에는 오히려 정계에 나오지 않았습니다. 그의 아들 진후는 의정부 참찬 벼슬까지 했고, 진원은 정승 벼슬에 올랐으며 문장으로 이름을 남겼습니다. 숙종의 또 다른 장인 김주신은 국구가 된 뒤엔 정치에 간여하지 않았으며, 그의 아들 후연도 큰 벼슬을 하지 못했습니다.

경종의 장인 심호는 타고난 본성이 악하고 학문에 관심이 없는 인물이었습니다. 세자의 장인이 된 덕에 참봉 벼슬에 오르긴 했지만 함부로 부하들을 때려 평판이 좋지 않았지요. 그는 경종이 왕위에 오르기 전에 죽었습니다. 또 다른 장인 어유구는 국구가 된 뒤에 어영대장이 되었고, 원종공신(작은 공을 세운 사람에게 주는 공신 호칭)에 오르기도 했습니다.

영조의 장인 서종제는 별다른 벼슬을 하지 못했고, 딸 덕분에 능참봉으로 살다 죽었습니다. 그의 아들 인수도 동몽교관 벼슬을 얻어 겨우 살림을 꾸릴 정도였습니다. 다른 장인 김한구는 별다른 벼슬이 없다가 국구가 된 덕에 어영대장이 되었고, 그의 아들 구주는 공조 참판을 지냈으나 정조와 대립하는 바람에 역적으로 몰려 죽었습니다.

정조의 장인 김시묵은 병조 판서, 좌참찬 등을 지냈으며 어영대장을 겸했습니다. 그리고 그의 아들 기대는 도승지 등을 지냈습니다.

순조의 장인 김조순은 이조 참의 등을 지냈으나 국구가 된 뒤론 실

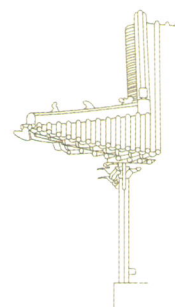

권을 가진 직책은 맡지 않고 당연직인 훈련대장, 금위대장 등만 맡았습니다. 하지만 그의 아들 유근, 원근, 좌근 등에 의해 안동 김씨 독재 정치가 시작되었고, 좌근의 양자 병기와 조카들인 병국, 병학, 병시, 병익 등이 그 대를 이었습니다.

헌종의 장인 김조근도 안동 김씨 가문이었습니다. 헌종의 다른 장인 홍재룡은 대사성 등을 지냈는데, 국구가 된 뒤로 호위대장, 어영대장 등을 지냈습니다. 그러나 안동 김씨 세력에 밀려 영향력이 크지는 않았습니다.

철종의 장인 김문근 역시 안동 김씨 가문이었으며, 아들 병필도 예조 판서를 지냈습니다. 그가 가장 총애하던 인물은 김좌근의 양자 김병기였습니다. 그래서 철종 시절엔 김병기의 영향력이 막강했답니다.

고종의 장인 민치록은 영주 군수를 지내다 일찍 죽었고, 그의 양자 민승호가 병조 판서 등의 직책을 차지하며 흥선 대원군과 싸웠습니다. 민승호는 소포로 우송된 폭탄 때문에 죽었는데, 그 뒤를 민태호의 아들 영익이 이었지요. 민승호의 친동생 겸호도 세력을 만들었지만, 임오군란 때 성난 군인들에게 맞아 죽었습니다. 이후로도 영환, 영찬 등에 의해 민씨 집안의 외척 정권이 유지되었습니다.

순종의 장인 민태호도 한때 세력을 형성했으나, 갑신정변 때 개화파에게 살해되었습니다. 순종의 또 다른 장인 윤택영은 조선이 망할 무렵에 일본의 회유와 협박을 이기지 못하고 친일파가 된 인물입니다. 그는 일본 정부로부터 자작의 작위를 받아 친일파로 분류되었답니다.

왕의 처족들이 누린 혜택

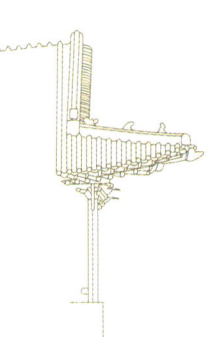

　조선 시대엔 왕의 장인(국구)이 되면 의례적으로 정1품 돈령부 영사(흔히 '영부사'라 부른다.)가 되었습니다. 돈령부도 왕의 친인척을 관리하는 곳이지만, 임금의 직계 혈통인 왕자와 그 자손들이 소속되는 종부시나 종친부와는 달랐습니다.

　돈령부에는 임금과 같은 성을 쓰는 9촌 이상의 친척과 임금과 다른 성을 쓰는 6촌 이내의 친척, 왕비와 같은 성을 쓰는 8촌 이내의 친척과 다른 성을 쓰는 5촌 이내의 친척, 세자빈과 같은 성을 쓰는 6촌 이내의 친척과 다른 성을 쓰는 3촌 이내의 친척들이 속했습니다. 이상의 촌수 안에 드는 고모나 누이, 조카딸, 손녀의 남편 등도 이곳의 관직에 임명될 수 있습니다.

　임금의 장인이 되면 돈령부 영사로서 친인척들을 관리하고, 친인척의 크고 작은 일들을 맡아 관리했습니다. 그래서 정치적인 실권은 전

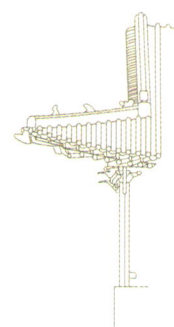

혀 없었지요.

원래 임금의 장인이 되면 현직에서 물러나 돈령부 영사에 만족하는 것이 관례였지만, 조정에 강한 영향력을 끼친 인물들은 거의 권세 있는 직책을 가지는 경우가 많았습니다. 하지만 국구의 관직에 대해서도 어느 정도 변화가 있었습니다.

조선 초부터 명종 이전까지 국구는 대개 돈령부 영사를 당연직(당연히 받는 직위)으로 겸했고, 조정의 정승 반열에 오르는 경우가 아주 많았습니다. 그러나 선조 이후부터 돈령부 영사와 오위도총부 도총관을 겸했습니다. 그러다가 명종 때 비변사가 생기면서 오위도총부는 이름만 그럴듯하고 실속은 없는 기관이 되고 말았지요. 따라서 국구가 맡고 있던 도총관 자리는 형식적인 벼슬일 뿐이고, 실제 힘은 없었습니다.

현종 이후에는 국구가 궁궐 호위를 책임지던 어영대장과 훈련대장을 당연직으로 겸하게 됩니다. 이것은 국구의 권위가 한층 강화되었다는 것을 의미하지요. 그러나 어영대장이나 훈련대장도 형식적인 자리일 뿐이었고, 주로 왕의 장인인 국구보다는 그의 아들들이 힘을 가졌습니다. 대개 국구는 의례적인 직책을 맡는 데 비하면, 그의 아들들은 실제 권력을 가진 직책에 임명되는 경우가 많았기 때문입니다. 왕의 처남들은 대를 이을 세자의 외삼촌이고, 세자가 왕위에 오르면 왕의 외삼촌이 되기 때문에 그들의 무게는 시간이 흐를수록 높아졌습니다. 그래서 중종 대의 윤임과 윤형원의 대립에서 보듯이, 왕위 계승권자의 외척들 사이에 세력 다툼을 낳기도 했습니다.

왕의 처족에 대한 혜택은 당연히 여자들에게도 미쳤습니다. 왕의 장모에게는 외명부에서 가장 높은 작위인 정1품 부부인(府夫人)이 내려졌습니다. 부부인은 종친 중에서도 대군의 부인에게만 내리는 작위였습니다. 그래서 왕의 장모는 종친의 여자들 중에서 가장 높은 대군 부인이나, 정1품 정승들의 부인들에게만 내리는 정경부인과 같은 위치가 되었지요.

국구에게는 실제 권세는 없지만 정1품의 관직을 내리는 이유는 경제적 혜택과 명예를 동시에 주기 위해서였습니다. 정1품 관직에겐 토지 110결이 내려지고, 계절마다 녹봉이 내려졌는데, 《경국대전》에 근거하여 구체적으로 살펴보면 사계절을 합쳐 쌀 14섬, 현미 48섬, 좁쌀 3섬, 콩 23섬, 밀 10섬, 명주 8필, 베 15필, 종이돈 10장이 주어졌답니다.

조선 시대에 중간치 정도 사는 집안이 대개 5결 이상 토지를 가진 사람이었는데, 대부분의 농부들은 1결의 토지도 가지지 못했지요. 그러니 110결이나 되는 농토를 받았다는 것은 왕의 처족들이 누린 경제적 혜택이 얼마나 대단했는지 알 수 있겠지요?

조선 왕족 무덤의 종류와 능 조성의 원칙

무덤은 묻힌 사람의 신분에 따라 능, 원, 묘로 구분합니다. 조선 왕족이 남긴 무덤은 모두 119기인데, 능이 42기, 원이 13기, 묘가 64기입니다. 대개 왕이나 왕비의 무덤은 '능', 왕세자나 세자빈 또는 왕을 낳은 어머니의 무덤은 '원', 그 나머지 왕족들의 무덤은 '묘'라고 했어요.

이들 무덤은 봉분의 형태에 따라 단릉, 쌍릉, 삼연릉 등으로 나눌 수 있습니다. 단릉은 왕이나 왕비의 봉분을 별도로 만든 단독형 능인데, 조선의 단릉은 태조의 건원릉과 중종의 정릉, 단종의 장릉뿐입니다. 쌍릉은 한 언덕에 왕과 왕비의 능을 마련한 형태인데, 가장 많습니다. 그리고 삼연릉은 한 언덕에 왕과 왕비, 계비의 세 봉분을 나란하게 배치한 형태인데, 헌종과 효현왕후, 효정왕후의 능인 경릉이 유일합니다. 이 외에도 동원이강릉, 동원상하봉릉, 합장릉 등이 있습니다.

동원이강릉은 같은 동산에 두 개의 언덕을 마련한 능인데, 이때 정자각은 하나입니다. 말하자면 하나의 정자각 뒤로 두 개의 언덕을 마련하여 능을 만든 것이지요.

동원상하봉릉은 왕과 왕비의 능이 같은 언덕에 상하로 조성된 형태입니다. 합장릉은 왕과 왕비를 하나의 봉분에 합장한 형태인데, 이것이 《국조오례의》가 정한 조선 왕실의 기본 능제였습니다. 하지만 합장릉은 많지 않습니다. 합장릉 중에서 삼합장릉도 있는데, 같은 봉분에 세 사람을 합장한 것입니다. 순종의 유릉이 유일하게 여기에 속합니다.

왕릉은 원칙적으로 오른쪽 위에는 왕릉, 왼쪽 언덕의 아래에 왕후의 능이 조성되어야 합니다. 대부분의 능은 이 원칙에 따랐지만, 덕종비 소혜왕후의 경릉은 왕후가 오른쪽에 자리하고 있는 유일한 능입니다.

조선 왕조의 능, 원, 묘의 위치

※서울 서쪽

이름	소재지	사적
공릉(恭陵) : 조선 8대 예종의 원비 장순왕후의 능 순릉(順陵) : 조선 9대 성종의 비 공혜왕후의 능 영릉(永陵) : 영조의 장자 진종과 효순왕후의 능	경기도 파주시 갈현리 산 25-1	제205호
장릉(長陵) : 제16대 인조와 원비 인열왕후의 합장릉	경기도 파주시 갈현리 산 25-1	제203호
소령원(昭寧園) : 제19대 숙종의 후궁이자 영조의 어머니인 숙빈의 원 수길원(綏吉園) : 제21대 영조의 후궁이자 진종(효장세자) 어머니 정빈 이씨의 원(*소령원 바로 옆에 있음.)	경기도 파주시 광탄면 영장리 267	제358호
장릉(章陵) : 인조의 부모인 원종과 인헌왕후의 능	경기도 김포시 풍무동 산 141-1	제202호
▶서삼릉 효릉(孝陵) : 제12대 인종과 인성왕후의 능 예릉(睿陵) : 제25대 철종과 철인왕후의 능 희릉(禧陵) : 제11대 중종의 제1계비 장경왕후의 능 소경원(昭慶園) : 제16대 인조의 아들 소현세자의 원 의령원(懿寧園) : 장조와 혜경궁 홍씨의 장자 의소세손의 원 효창원(孝昌園) : 정조와 의빈 성씨의 아들 문효세자의 원 (원래 소재지는 서울 용산구 청파동이었으나 1944년에 이장되었다.) 회묘(懷墓) : 제10대 연산군의 생모의 묘. (원소재지는 서울 동대문구 회기동 경희대 안이었으나 1969년 경희대학교 공사 때 옮겨졌다.)	경기도 고양시 덕양구 원당동 산 38-4 ★효릉(인종)	제200호
▶서오릉 명릉(明陵) : 제19대 숙종과 제1계비 인현왕후, 제2계비 인원왕후의 능 익릉(翼陵) : 제19대 숙종의 원비 인경왕후의 능 경릉(敬陵) : 덕종과 원비 소혜왕후의 능 홍릉(弘陵) : 제21대 영조의 원비 정성왕후의 능 창릉(昌陵) : 제8대 예종과 계비 안순왕후의 능 수경원(綏慶園) : 제21대 영조의 후궁이자 장조의 어머니인 영빈 이씨의 원 (원소재는 연세대학교 안 수경원이었으나 1970년에 이곳으로 이장했다.)	경기도 고양시 덕양구 용두동 30-1 ★명릉(숙종)	제198호

이름	소재지	사적
순창원(順昌園) : 제 13대 명종의 장자 순회세자와 공회빈의 원 대빈묘(大嬪墓) : 제19대 숙종의 후궁이자 경종의 어머니 장희빈의 묘 (원소재지는 경기도 광주군 오포면 문형리였으나 1969년에 서오릉으로 이장했다.)	경기도 고양시 덕양구 용두동 30-1	제198호

※ 서울 안쪽

이름	소재지	사적
정릉(貞陵) : 제1대 태조의 계비 신덕왕후의 능	서울 성북구 정릉동 산 87-16	제208호
▶태강릉 태릉(泰陵) : 제11대 중종의 제2계비 문정왕후의 능 강릉(康陵) : 제13대 명종과 인순왕후 심씨의 능	서울 노원구 공릉동 산 313-19	제201호
의릉(懿陵) : 제20대 경종과 계비 선의왕후의 능	서울 성북구 석관동 산 1-5	제204호
▶선정릉 선릉(宣陵) : 제9대 성종과 계비 정현왕후의 능 정릉(靖陵) : 제11대 중종의 능 (중종의 능은 원래 경기도 고양 서삼릉 내에 있는 장경왕후의 희릉 오른쪽 언덕에 조성되었으나 명종 대인 1562년에 문정왕후가 이곳으로 옮겼다.)	서울 강남구 삼성동 131　★선릉(선종)	제199호
▶헌인릉 헌릉(獻陵) : 제3대 태종과 원경왕후의 능 인릉(仁陵) : 제23대 순조와 순원왕후의 합장릉	서울 서초구 내곡동 13-1	제194호
연산군묘 : 제10대 연산군과 거창군부인 신씨의 묘 (*이곳에는 연산군의 사위 구문경과 연산군의 딸, 여산군의 후궁 조씨 묘가 함께 조성되어 있다.)	서울 도봉구 방학동 산 77	제362호
영휘원(永徽園) : 제26대 고종의 후궁이자 영친왕의 생모 순헌귀비 엄씨의 원	서울 동대문구 청량리동 204-2	제361호
숭인원(崇仁園) : 조선의 마지막 황태자 영친왕의 아들 이진의 원		

※ 서울 동쪽

이름	소재지	사적
▶동구릉 건원릉(健元陵) : 제1대 태조의 능 (조선 왕릉은 모두 능호가 외자지만 건원릉만 두 자이다.) 현릉(顯陵) : 제5대 문종과 현덕왕후의 능 목릉(穆陵) : 제14대 선조와 원비 의인왕후, 계비 인목왕후의 능 휘릉(徽陵) : 제16대 인조의 계비 장렬왕후의 능 숭릉(崇陵) : 제18대 현종과 명성왕후의 능 혜릉(惠陵) : 제20대 경종의 원비 단의왕후의 능 원릉(元陵) : 제21대 영조와 계비 정순왕후의 능 (*영조는 서오릉에 있는 원비 정성왕후의 홍릉에 쌍릉으로 안장되길 원했으나 정조가 이곳에 조성했다.) 경릉(景陵) : 제24대 헌종과 원비 효현왕후, 계비 효정왕후의 능 수릉(綏陵) : 순조의 아들 추존왕 익종과 신정왕후의 능	경기도 구리시 동구릉 산 2-1 ★건원릉(태조)	제193호
명빈묘(明嬪墓) : 제3대 태종의 후궁 명빈의 묘	경기도 구리시 아천동 산 14	제364호
광릉(光陵) : 제7대 세조와 정희왕후의 능	경기도 남양주시 진접읍 부평리 산 99-2	제197호
사릉(思陵) : 제6대 단종의 왕후 정순왕후의 능	경기도 남양주시 진건면 사릉리 산 65-1	제209호
▶홍유릉 홍릉(洪陵) : 제26대 고종과 명성황후의 능 유릉(裕陵) : 제27대 순종과 원비 순명효황후, 계비 순정효황후의 삼합장릉 영원(英園) : 대한제국 마지막 황태자 영친왕과 이방자비의 합장원 (*홍유릉 능역 안에는 이 외에도 고종의 다섯째 아들 의왕의 묘와 고종의 후궁 광화당 이씨의 묘, 고종의 후궁 삼축당 김씨의 묘, 고종과 후궁 귀인 양씨의 딸인 덕혜옹주의 묘, 그리고 의왕의 계비 수인당의 묘, 대한제국 마지막 황세손 이구의 원인 회원원 등이 조성되어 있다.)	경기도 남양주시 금곡동 141-1 ★홍릉(고종)	제207호
온릉(溫陵) : 중종의 원비 단경왕후의 능	경기도 양주시 장흥면 일영리 산 19	제210호
장릉(莊陵) : 제6대 단종의 능	강원도 영월군 영월읍 영흥리 산 133-1	제196호

이름	소재지	사적
광해군묘(光海君墓) : 제15대 광해군과 문성군부인 유씨의 묘	경기도 남양주시 진건면 송릉리 산 59	제363호
성묘(成墓) : 제14대 선조의 후궁이자 광해군의 어머니 공빈 김씨의 묘(광해군은 제주도에서 죽었으나 자신의 어머니 발치에 묻어달라고 유언했다. 그래서 광해군의 묘는 성묘 근처에 묻혔다. 성묘는 원래 광해군이 신하들의 반대를 물리치고 공빈을 공성왕후로 추존하여 능을 조성하고 성릉이라 했다. 이후 인조가 들어선 이후 성묘로 불리었는데, 지금도 능에 못지않게 조성되어 있다.)	경기도 남양주시 진건면 송릉리 산 55	제365호
휘경원(徽慶園) : 제22대 정조의 후궁이자 순조의 어머니 수빈 박씨의 원	경기도 남양주시 진접읍 부평리 267	제360호
영빈묘(寧嬪墓) : 제19대 숙종의 후궁 영빈 김씨의 묘	경기도 남양주시 진접읍 장현리 175	제367호
순강원(順康園) : 제14대 선조의 후궁 인빈 김씨의 원(이곳에는 김씨의 2남 신성군과 부인 신씨의 합장묘, 넷째 아들 의창군의 묘가 함께 있다.)	경기도 남양주시 진접읍 내각리 150	제356호
안빈묘(安嬪墓) : 제17대 효종의 후궁 안빈 이씨의 묘	경기도 남양주시 진건면 송릉리 산 66	제366호

※ 서울 남쪽

이름	소재지	사적
▶융건릉 융릉(隆陵) : 제21대 영조의 아들 추존왕 장조와 헌경왕후의 합장릉 건릉(健陵) : 제22대 정조와 효의왕후의 합장릉	경기도 화성시 태안면 안녕리 1-1	제206호
▶영녕릉 영릉(英陵) : 제4대 세종과 소헌왕후의 합장릉 영릉(寧陵) : 제17대 효종과 인선왕후의 쌍릉	경기도 여주군 능서면 왕대리 산 83-1	제195호
정릉(定陵) : 이성계의 아버지 환조 이자춘의 능	함경남도 함흥 동쪽 귀주동	
제릉(齊陵) : 제1대 태조의 원비 신의왕후 한씨의 능	경기도 개성시 판문군 상도리	
후릉(厚陵) : 제2대 정종과 정안왕후의 능	경기도 개성시 판문군 영정리